و فرموده است که مرغی که از زمین بالا پر
دورتر باشد و برهد و همچنین اگر کسی
که از زمرهٔ خلق و اهل بازار ممتاز باشد و از زحمتهای دنیا برهد و سبکبار گردد که نجی المخففون
و هلک المثقلون یکی از ابنای دنیا پیش حضرت مولوی عذرخواهی میکرد که در خدمت

監修者――木村靖二／岸本美緒／小松久男／佐藤次高

［カバー表写真］
ガザーリー『宗教諸学の再興』第３部第５の書の冒頭
（オクスフォード大学ボードリアン図書館蔵）

［カバー裏写真］
コーラン写本
（セルジューク朝時代）

［扉写真］
踊るスーフィー
（16世紀のミニアチュール，チェスター・ビーティー図書館蔵）

世界史リブレット人25

ガザーリー

古典スンナ派思想の完成者

Aoyagi Kaoru
青柳かおる

目次

イスラーム思想史上の巨人

ガザーリー(一〇五八〜一一一一)はイスラーム思想史上、もっとも偉大な思想家の一人であり、宗教改革者でもある。彼は、神学・法学・哲学といった多様な学問分野に精通したウラマーであり、かつスーフィーであった。ガザーリーは、イスラーム法を遵守しながら、身体的な修行をつうじて神と人間との一体化をめざすスーフィズムを取り入れた生き方を提示したのである。

ガザーリーは、彼の時代においてすでに名声を確立していたが、現代のイスラーム世界においても思想的権威となっており、ムスリム(イスラーム教徒)に影響を与え続けている。現代のウラマーは、ファトワー(一般ムスリムの質問に対するウラマーの法的回答)を出すさい、二大聖典であるコーラン(クルアーン)

▼ガザーリー　ガザーリーの実名は、フッジャト・アルイスラーム・アブー・ハーミド・ムハンマド・イブン・ムハンマド・イブン・アフマド・アットゥースィー・アルガザーリーという長い名前であるが、最後の部分をとってガザーリーと呼ばれる。ガザーリーとは、「ガザール村の出身者」という意味。ガッザーリーと発音すべきと唱える研究者もいるが、一般的にはガザーリーと呼ばれることが多い。

▼ウラマー　原意は「知識(イルム)をもつ者」。一般的にはイスラーム法学者を指すが、法学に限らず神学・ハディース学・コーラン解釈学・アラビア語学などのイスラーム諸学をおさめた知識人、知的エリート。

▼スーフィー　イスラーム神秘主義者、神秘修行者。

とハディース(預言者ムハンマドの言行録)だけではなく、権威のあるウラマーの見解を参照することが多いが、ガザーリーは典拠とされるウラマーの代表である。一例として、イスラーム世界で大きな問題となっている家族計画の議論を見てみよう。

　ガザーリーは代表作『宗教諸学の再興』▲所収の「婚姻作法の書」において、避妊や中絶について論じている。避妊を認め、中絶を認めない該当部分は、現代の避妊に関する議論でもしばしば引用されており、多くのウラマーが参照する権威あるテキストとなっている(八一頁参照)。ムスリム同胞団▲のイデオローグで、著名なウラマーのカラダーウィー▲は、主著『合法と禁忌』において、避妊は可、中絶は不可とするガザーリーの文言を引用し、それに賛成するとしている(ただしカラダーウィーは、中絶は不可としながらも母体の危険などのやむをえない理由がある場合の中絶は認めている)。

　また、スンナ派イスラーム学の最高峰といわれるアズハル機構▲の総長を務めたマフムード・シャルトゥート▲は、ガザーリーの見解に言及しながらも、ガザーリーのように無条件に避妊を認めるのは、イスラーム共同体に対する権利の

▼『宗教諸学の再興』　ガザーリーの代表作。神学・法学・スーフィズムなど、ガザーリーの思想の集大成。ペルシア語の要約は『幸福の錬金術』。この書は四部から成り、それぞれが十書から構成されている。内容は以下のとおり。第一部　儀礼的行為、第二部　日常生活の規範、第三部　破滅への道、第四部　救いへの道。

▼ムスリム同胞団　一九二八年にエジプトで結成されたイスラーム復興をめざす大衆組織。

▼ユースフ・アルカラダーウィー（一九二六〜）　エジプト出身、カタール在住のウラマー。アラブ諸国だけではなく、世界中のムスリムに大きな影響力をもつ。

▼アズハル機構　アズハルともいう。アズハル・モスク、アズハル大学、ウラマー集団などを擁するスンナ派の宗教・教育組織。現代では実質的に宗教教育と宗教行政の役割を担い、エジプトの法体系や公教育制度の形成と密接に関係している。

▼マフムード・シャルトゥート（一八九三〜一九六三）　アズハル機構総長（一九五八〜六三）を務めた。

▼ガード・アルハック（一九一七〜九六）　アズハル機構総長（一九八二〜九六）を務めた。

カイロのアズハル・モスク　ファーティマ朝が建設した。世界最古の大学といわれるアズハル大学（アズハル学院）が付設された。

侵害であるとして避妊を認めていない。さらに同じくアズハル機構の総長を務めたガード・アルハック▲も、避妊を認めるファトワーを導くさい、ガザーリーの引用に多くを費やしている。

このようにガザーリーは、彼の意見に賛成であれ、反対であれ、現代のウラマーが言及せざるをえないほどの偉大な権威なのである。ガザーリーがこれほど長きにわたって影響力をもち続けてきたのはなぜだろうか。その大きな理由は、スンナ派思想を知るためには、まずガザーリーを参照しなければならないと広く認められているからであろう。後述するように、イスラーム世界では、まずシーア派などの分派が九〜十世紀に形成され、続いてシーア派以外の多数派の人々を中心に、十〜十一世紀にスンナ派が形成された。ガザーリーが登場した十一世紀後半、法学・神学・政治のどれをとっても、スンナ派思想の基本的な枠組みはだいたいできあがっていたといえる。しかし、最終的にスンナ派思想の枠組みを完成させたのはガザーリーであると筆者は考える。本書では、ガザーリーがどのように古典のスンナ派思想を確立したのか、そしてガザーリーの思想にはどのような現代的意義があるのかについて考察したい。

①—ガザーリーとセルジューク朝

ガザーリーの生い立ちと青年時代

　ガザーリーの生涯は、晩年に書かれた自らの思想の変遷を追った自伝『誤りから救うもの』や、さまざまな人物列伝などから再構成することができる。一〇五八年、ガザーリーは、セルジューク朝統治下のイラン北東部ホラーサーン地方トゥース（現在のマシュハド近郊）で生まれた。幼いころに父親をなくし、弟アフマド▲とともに、父親の親友のスーフィーに育てられた。ガザーリーはトゥースとジュルジャーンで、当時の初等教育を受ける一方、スーフィズムの修行もおこなっていたという。

　一〇七七年頃、ニーシャープールに移り、ニザーミーヤ学院（十七、二五頁参照）で碩学《せきがく》ジュワイニー▲に師事し、神学と法学を学んだ。そこで頭角をあらわし、ジュワイニーの代講を務めたり、学生たちの指導にあたったりした。さらにガザーリーは、スーフィーのファールマディーの指導を受けたが、一〇八四年にファールマディーが死去したのち、スーフィズムから遠ざかったようであ

▼アフマド・アルガザーリー（?〜一一二六）　著名なスーフィー。神の本質を愛とし、世界を愛の顕現であるとする形而上学を構想した。

▼ジュワイニー（一〇二八〜八五）　ニーシャープール郊外に生まれ、父親と同じくウラマーとなった。主著である神学書『導きの書』には、イスラーム哲学への関心がみられる。

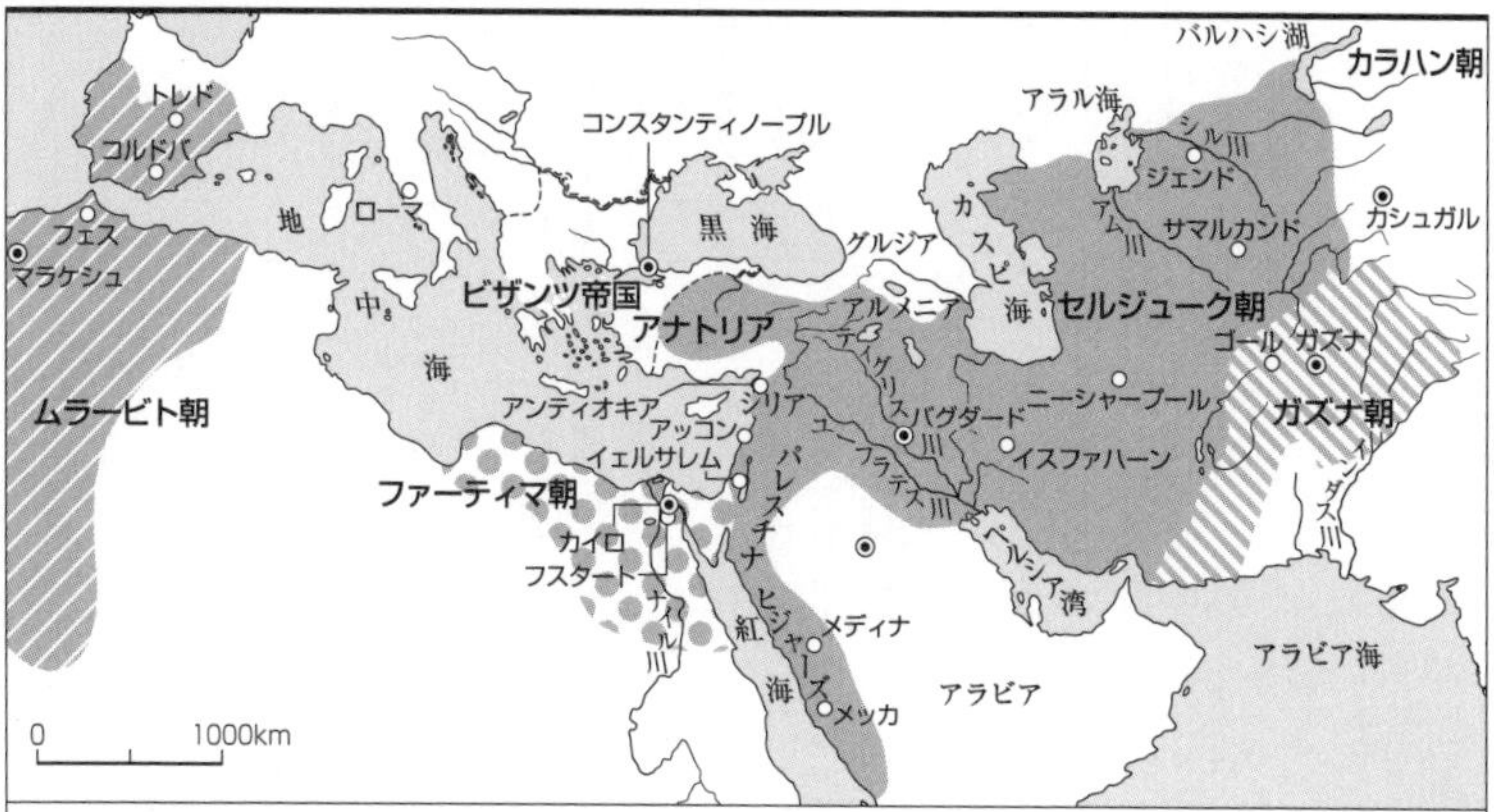

●十一世紀のイスラーム世界
（ガザーリーの移動経路の地図については、五五頁参照）

●ガザーリーの肖像画　インドネシアの聖者廟の門前町で売られていた。

●ニーシャープール　イラン北東部ホラーサーン地方の都市。ササン朝期に建設され、十二世紀半ばにいたるまで栄えた。セルジューク朝末期から衰退し、モンゴルの侵入で壊滅的打撃を受けた。写真はニーシャープール城塞跡の発掘現場。

る。世間から離れて修行をするには、まだガザーリーは若く野心的すぎたのかもしれない。

一〇八五年、師匠のジュワイニーが死去すると、ガザーリーは文人・知識人のパトロンであったセルジューク朝の宰相ニザーム・アルムルク▲の庇護を受け、イスファハーン▲にあったセルジューク朝のスルターン（君主）、マリク・シャー（マリクシャー▲）の宮廷に出仕した。そして、宮廷にいる数多くの学者たちのなかでもきわだった存在となっていき、バグダードのニザーミーヤ学院教授に抜擢されることになる。高等学校の世界史教科書では、ガザーリーは「スーフィー」や「神秘主義者」と説明されているので、一般にはスーフィーのイメージが強いかもしれないが、セルジューク朝の体制側ウラマーという側面ももっているのである。

順調に学者として最高の地位にのぼりつめたようにみえるガザーリーではあるが、自伝によると、五〇頁で説明する精神的危機（第二の危機）より以前にも似たような経験（第一の危機）があったという。第一の危機の時期については述べられていないが、イスファハーンの宮廷時代とされている。彼は、感覚より

▼ニザーム・アルムルク（在任一〇六三〜九二）　セルジューク朝のスルターン、アルプ・アルスラーンと後継のマリク・シャーの宰相。イクター制の施行、軍事力の整備などをとおして国家体制の基礎を築き、『統治の書』を著した。

▼イスファハーン　イラン中部の都市。十一世紀後半にセルジューク朝政権の主要都市となり、十六世紀末期にはサファヴィー朝の首都となった。

▼マリク・シャー（在位一〇七二〜九二）　セルジューク朝第三代スルターン。その治世はセルジューク朝の最盛期。ニザーム・アルムルクがその統治を補佐した。

マドラサでの勉学風景　十五世紀末のヘラートで作成されたミニアチュール。ロンドン、大英図書館蔵。

上位の判定者として理性があるように、理性よりも上位の判定者が存在するのではないかと考え、理性に対して懐疑的になったという。なぜガザーリーは、理性を信じられなくなり、第一の危機に陥ったのだろうか。青年時代からの経緯をみてみよう。青年時代からガザーリーは、さまざまな学派や分派の見解や教説を検討し、その奥義を知ろうと努力していたという。ガザーリーは当時を振り返って以下のように述べている。

> 物事の本質を理解しようとする渇望は、血気盛んな当初からの私の習性であった。それは神が私の性格の中に植えつけ給うた、生まれながらの資質、本性であって、私の選択と工夫によるものではなかった。こうして、青年に達する頃には、伝統への隷従の絆は私から離れ、伝統的信条は崩れ去った。というのも、キリスト教徒の子はキリスト教徒として成育する以外になく、ユダヤ教徒の子はユダヤ教徒として成育する以外になく、ムスリム（イスラーム教徒）の子はムスリムとして成育する以外にないことを、私は見ていたからである。
>
> （中村廣治郎訳『誤りから救うもの』一四〜一五頁）

こうしてガザーリーは、さまざまな見解を検討しているうちに、伝統的な教説への信頼を失ってしまった。人間の宗教的な信条が、親や教師の影響で決定されるとすれば、自分がムスリムであるのはかたい信仰によるのではなく、環境や教育という偶然の結果でしかない。ガザーリーは、自らの信仰を他者から与えられたものではなく、主体的に選び取ったものへと変化させていこうとした。そのためには、自分がもっている信条を一点の曇りもないほどに確信させてくれるような「確実な知識」つまり信仰の確信が必要である。

「確実な知識」とは、一点の疑念も残らず、誤謬《ごびゅう》の可能性もない知識である。ガザーリーは、知識には感覚的知識と理性的知識があるとして、この二つの知識を考察した。その結果、感覚的知識への信頼は認めがたいものになった。例えば感覚のなかでもっとも強力な視覚によって星をながめ、金貨程度の大きさに見えたとしても、天文学的証明によれば、それは地球よりも大きいのである。こうして感覚による判定は偽りとなる場合があることが判明し、感覚の判定は理性の判定によって偽りとされた。

しかし今度は、理性的知識の背後に別の判定者がいるかもしれない、そのような判定者がまだあらわれていないだけかもしれない、ということに気がついた。つまり信仰の確信は、理性によってはえられないのである。そしてガザーリーは二カ月ほどなにも信じられない状態(第一の危機)になってしまった。しかし神がこの病を癒したため、健康を取り戻し、神が心に投入した光によって理性的知識が受け入れられ、信頼できるものとして返ってきたという。こうしてガザーリーは、理性的知識の根拠は、究極的には論理ではなくて神への信仰に行きつくとして、信仰を絶対の前提とした理性的知識への信頼を取り戻した。その後ガザーリーは、自分の信条をゆるぎなく信じられる状態にしてくれる「確実な知識」を求め、宮廷時代、そしてニザーミーヤ学院教授時代をとおして、あらためてさまざまな学問を探求していくことになるのである。

アッバース朝の衰退とシーア派の台頭

ここで、ガザーリーが生きた十一世紀のイスラーム世界の時代状況を考えたい。七五〇(七四九)年に成立した、のちにスンナ派王朝となるアッバース朝は、第五代カリフ、ハールーン・アッラシード▲の時代に全盛期をむかえたが、その

▼**ハールーン・アッラシード**(在位七八六〜八〇九)　アッバース朝の黄金時代のカリフで、学芸を奨励した。

アリーと二人の息子　イランのカージャール朝時代に描かれた、アリーと二人の息子ハサンとフサインの絵画。

▼**正統カリフ**　預言者ムハンマドの死後に、その後継者（代理人）としてイスラーム共同体の指導者となった四人。

後衰退に向かっていた。一方、十世紀は「シーア派の世紀」といわれるように、各地にシーア派政権が誕生した。シーア派は、預言者ムハンマドのいとこであり娘婿であるアリーの支持者を母体とし、アリーとその子孫がイスラーム共同体の指導者（イマーム）であるとする集団である。したがって、基本的には、アリー以外の正統カリフ▲やウマイヤ朝の支配は認めないことになる。

スンナ派とは、正式には「スンナ（慣行）と共同体の民」というのだが、預言者ムハンマドの慣行と、共同体の合意（ウラマーの合意事項）を正しいものとして、それらに従う人々のことである。シーア派に与《くみ》せず、ウマイヤ朝を受け入れた多数派を母体とする。スンナ派は多数派であり、シーア派は少数派であるが、キリスト教のように、正統派がまずあって異端が分かれたわけではない。ムハンマドの死後、イスラーム共同体の指導者をめぐって共同体が分裂していったさい、アリーに従うシーア派が先に形成された。その後、時代がくだって十世紀〜十一世紀に、シーア派等の分派へ加わることなく残されたその他大勢の多数派が、思想的なまとまりをもち、明確な自意識をもつようになってスンナ派を形成するのである。

さてシーア派によれば、ムハンマドの死後、アリーがカリフ（預言者ムハンマドの後継者。イマームとほぼ同義）に就任すべきだったが、アブー・バクル、ウマル、ウスマーンの三人が、アリーがつくべき地位を簒奪《さんだつ》したとされる。シーア派はアリーの子孫のうち誰を正当な後継者とみなすかをめぐる内部対立によって分裂していき、十二イマーム派▲・ザイド派▲・イスマーイール派▲などいくつかの分派が生まれたが、もっとも多数派となっていくのは、アリーから数えて十二人のイマームの系譜を認める十二イマーム派である。

シーア派はウマイヤ朝時代には反乱分子として弾圧されており、そのため、ウマイヤ朝の打倒をめざすアッバース家の革命運動に参加した。しかしアッバース朝が成立すると、アッバース朝はシーア派を裏切り、同派はふたたび弾圧されることになった。しかしながら、アッバース朝の衰退にともない、十世紀にはシーア派の王朝が各地に成立することになったのである。

イエメンには九世紀末、ザイド派政権が成立した。またイラン・イラクには十二イマーム派のブワイフ朝▲が成立した。九四六年、ブワイフ朝のアフマドはアッバース朝の首都バグダードに入城し、カリフ、ムスタクフィーに忠誠の誓

▼十二イマーム派　アリーから数えて十二人のイマームの系譜を認める、シーア派のなかの最大派。イラン・イスラーム共和国の国教。現在、信徒はイラン・イラク・レバノンなどに分布。

▼ザイド派　シーア派の一派。スンナ派に近い穏健なイマーム論を展開し、シーア派の主流派がアブー・バクル、ウマル、ウスマーン三人の正統カリフをイマームとして認めないのに対し、ザイド派は劣ったイマームとして三人を認めた。

▼イスマーイール派　シーア派の一派。バーティン派（コーランを比喩的に解釈し、コーランの内面を重視する派）ともいう。ガザーリーは、イスマーイール派をバーティン派と呼んでいるが、本書では一般的な名称であるイスマーイール派としておく。詳しくは三二頁参照。

▼ブワイフ朝　アッバース朝カリフを傀儡（かいらい）化し、現在のイラン・イラク地域を支配した。

カイロのハーキム・モスク　ファーティマ朝第五代カリフ、アズィーズと第六代カリフ、ハーキムによって建設された。ハーキムを神格化した一派がドゥルーズ派となる。

▼ファーティマ朝　全イスラーム世界にイスマーイール派の宣教員を送り込み、活発な宣教活動をおこなった。最盛期は、第四代カリフのムイッズ(位九五三～九七五)の時代。

いをおこなったのち、大アミール(大総督)に任ぜられ、カリフからムイッズ・アッダウラ(王朝の強化者)の称号を与えられた。こうして軍事力をもつシーア派の君主が、スンナ派のカリフを保護するという協力関係が成立し、軍隊の指揮権、イスラーム法(シャリーア、二七頁参照)施行の権限は、シーア派の大アミールに委ねられた。しかしながら、カリフは多数派であるスンナ派共同体の統合の象徴としての存在意義を有していた。

一方、北アフリカのチュニジアには、シリアから移動してきたシーア派の一派、イスマーイール派によってファーティマ朝▲が成立し、十世紀後半にはエジプトを征服して、新しい首都としてカイロを建設するなど最盛期をむかえようとしていた。この王朝は、ブワイフ朝と異なりアッバース朝のカリフを認めず、むしろ打倒すべき敵と考えており、そのため、ファーティマ朝の君主はカリフを名乗った。預言者ムハンマドの後継者たるカリフは、本来世界に一人しかいないはずだが、これにより、アッバース朝のスンナ派のカリフとファーティマ朝のシーア派(イスマーイール派)のカリフの二人が並存することになった。そしてファーティマ朝に続いて九二九年、後ウマイヤ朝(スンナ派)のアブドゥッ

●イスラーム王朝交代表

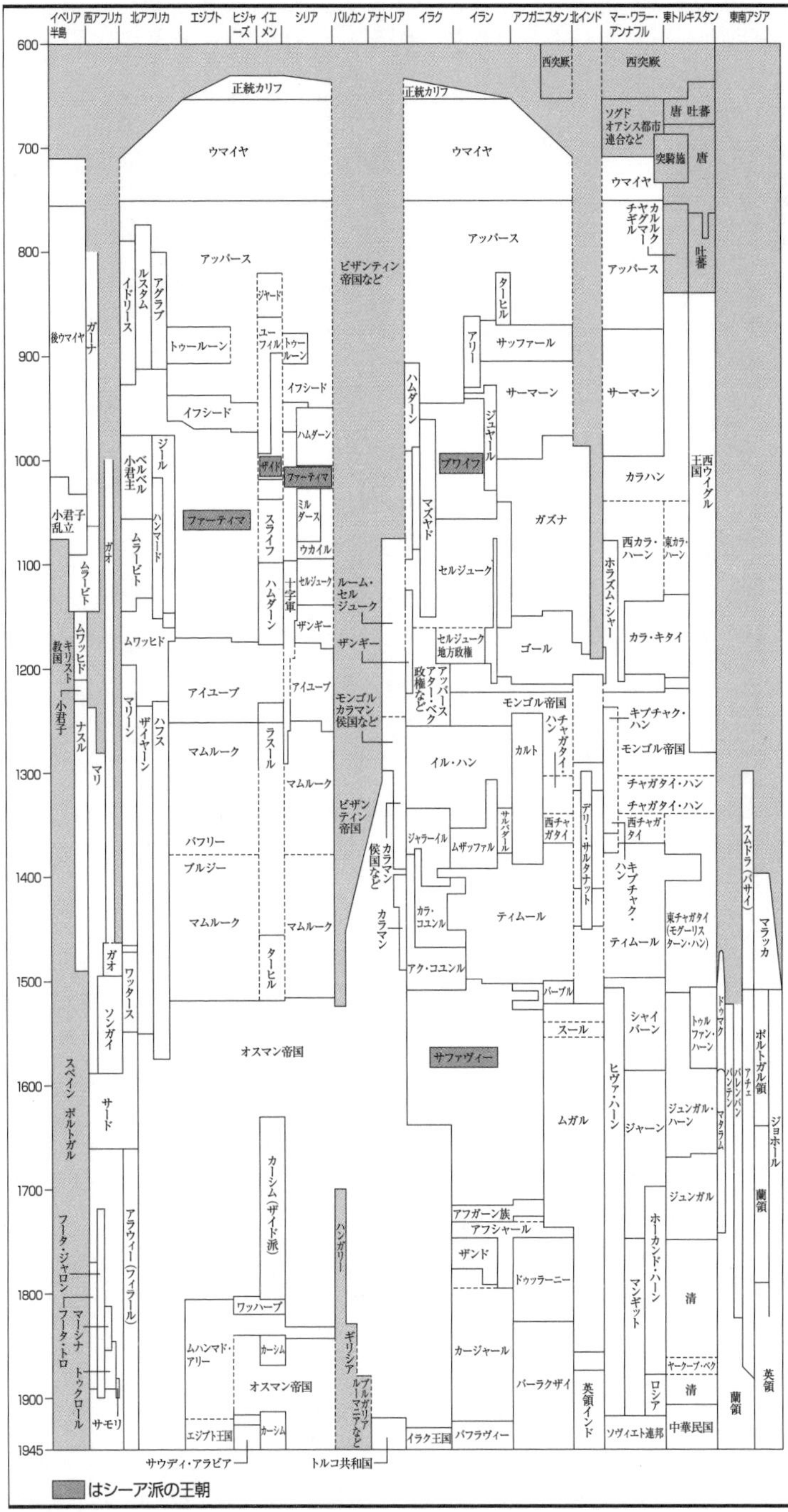

イベリア半島
西アフリカ
北アフリカ
エジプト
ヒジャーズ
イエメン
シリア
バルカン
アナトリア
イラク
イラン
アフガニスタン
北インド
マー・ワラー・アンナフル
東トルキスタン
東南アジア
600
700
800
900
1000
1100
1200
1300
1400
1500
1600
1700
1800
1900
1945
正統カリフ
ウマイヤ
アッバース
西突厥
ソグドオアシス都市連合など
唐
吐蕃
突騎施
カルルク
ヤグマー
チギル
ビザンティン帝国など
後ウマイヤ
ガーナ
イドリース
ルスタム
アグラブ
トゥールーン
ジャード
ユーフィル
イフシード
ハムダーン
ザイド
ファーティマ
ターヒル
アリー
サッファール
サーマーン
ハムダーン
ジュヤール
ブワイフ
マズヤド
ガズナ
カラハン
西ウイグル王国
小君子乱立
ベルベル小君主
ジール
ハンマード
ムラービト
ミルダース
ウカイル
スライフ
セルジューク
十字軍
ルーム・セルジューク
ザンギー
西カラ・ハーン
東カラ・ハーン
ホラズム・シャー
カラ・キタイ
ゴール
ガオ
ムワッヒド
キリスト教国
セルジューク地方政権
アイユーブ
アッバース
アタ・ベク
政権など
モンゴル帝国
モンゴル
カラマン
侯国など
小君子
マリーン
ザイヤーン
ハフス
ナスル
マリ
マムルーク
ラスール
チャガタイ・ハン
カルト
イル・ハン
キプチャク・ハン
チャガタイ・ハン
ビザンティン帝国
ジャラーイル
ムザッファル
サルバダール
西チャガタイ
デリー・サルタナット
バフリー
ブルジー
カラマン侯国など
カラ・コユンル
ティムール
キプチャク・ハン
スムドラ（パサイ）
マラッカ
東チャガタイ（モグーリスターン・ハン）
ティムール
カラマン
アク・コユンル
ターヒル
ワッタース
ソンガイ
バーブル
スール
シャイバーン
トゥルファン・ハーン
ドゥマク
オスマン帝国
サファヴィー
スペイン
ポルトガル
サード
ムガル
ヒヴァ・ハーン
ジャーン
ジュンガル・ハーン
バンテン
パレンバン
アチェ
マタラム
ポルトガル領
ジョホール
蘭領
アラウィー（フィラール）
カーシム（ザイド派）
ハンガリー
アフガーン族
アフシャール
ザンド
ドゥッラーニー
ホーカンド・ハーン
ジュンガル
マンギット
清
フータ・ジャロン
フータ・トロ
マーシナ
トゥクロール
サモリ
ワッハーブ
ムハンマド・アリー
カーシム
オスマン帝国
ギリシア
ブルガリア・ルーマニアなど
カージャール
バーラクザイ
ヤークーブ・ベク
清
ロシア
英領インド
英領
蘭領
エジプト王国
カーシム
イラク王国
パフラヴィー
ソヴィエト連邦
中華民国
サウディ・アラビア
トルコ共和国
はシーア派の王朝

ラフマーン三世がカリフを名乗ったため、三人のカリフがイスラーム世界に鼎《てい》立《りつ》するという状態になってしまった。

その後、第八代ファーティマ朝カリフ、ムスタンスィル▲没後の後継者争いによって、イスマーイール派からニザール派▲が分派し、東方のイラン・シリアにおいて、活発な宣教活動およびスンナ派や十字軍に対する攻撃をしかけるようになった。ファーティマ朝は十二世紀になると衰退していき、模範的な騎士としてヨーロッパでも名高いアイユーブ朝の創始者サラディン（サラーフッディーン）▲によって滅ぼされた。アイユーブ朝はスンナ派王朝であり、ファーティマ朝の滅亡によって、シーア派のカリフは姿を消すことになる。

セルジューク朝の政治体制

一〇三八年に中央アジアで成立したトルコ系の軍事政権であるスンナ派のセルジューク朝▲が、アム川をわたってイランに侵入し、シーア派のブワイフ朝による支配に終止符を打った。カラハン朝、セルジューク朝に始まるトルコ系遊牧民による中央アジア・イランの支配は、その後も王朝が変わりながら近代ま

▼ムスタンスィル（在位一〇三六〜九四）

▼ニザール派　カリフ位後継をめぐりイスマーイール派から分派したのち、東方のイランに移動して山岳部に要塞を建設した集団。「暗殺教団」とも呼ばれる。ヨーロッパでは、ニザール派が麻薬を用いて、暗殺者に暗殺を実行すれば楽園に行けるという暗示をかけて標的のもとに送り込んだという伝説が、十字軍によってヨーロッパに伝えられたためだが、ほとんどが虚偽。

▼サラディン（在位一一六九〜九三）　エジプトにアイユーブ朝を開き、シリアを併合した。十字軍と戦い、イェルサレムを奪回した。

▼セルジューク朝　トルコ系のイスラーム王朝。イラン・イラクを中心に、シリア・トルコの一部も支配した。アッバース朝と協調し、ファーティマ朝と対抗した。

●シーア派イマーム関連系図

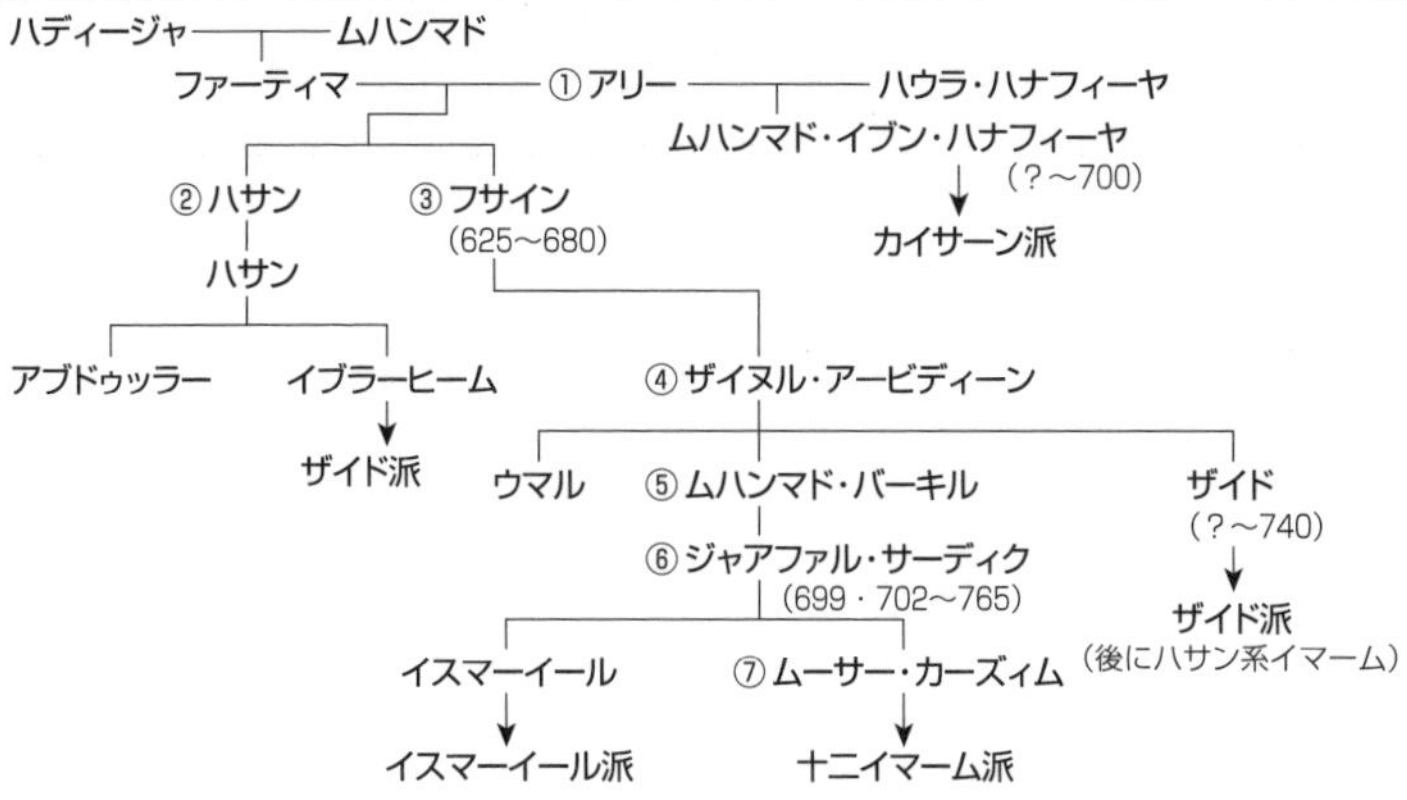
ハディージャ
ムハンマド
ファーティマ
①アリー
ハウラ・ハナフィーヤ
ムハンマド・イブン・ハナフィーヤ
（？〜700）
カイサーン派
②ハサン
③フサイン
（625〜680）
ハサン
アブドゥッラー
イブラーヒーム
ザイド派
④ザイヌル・アービディーン
ウマル
⑤ムハンマド・バーキル
ザイド
（？〜740）
⑥ジャアファル・サーディク
（699・702〜765）
ザイド派
（後にハサン系イマーム）
イスマーイール
⑦ムーサー・カーズィム
イスマーイール派
十二イマーム派

●イスマーイール派関連系図

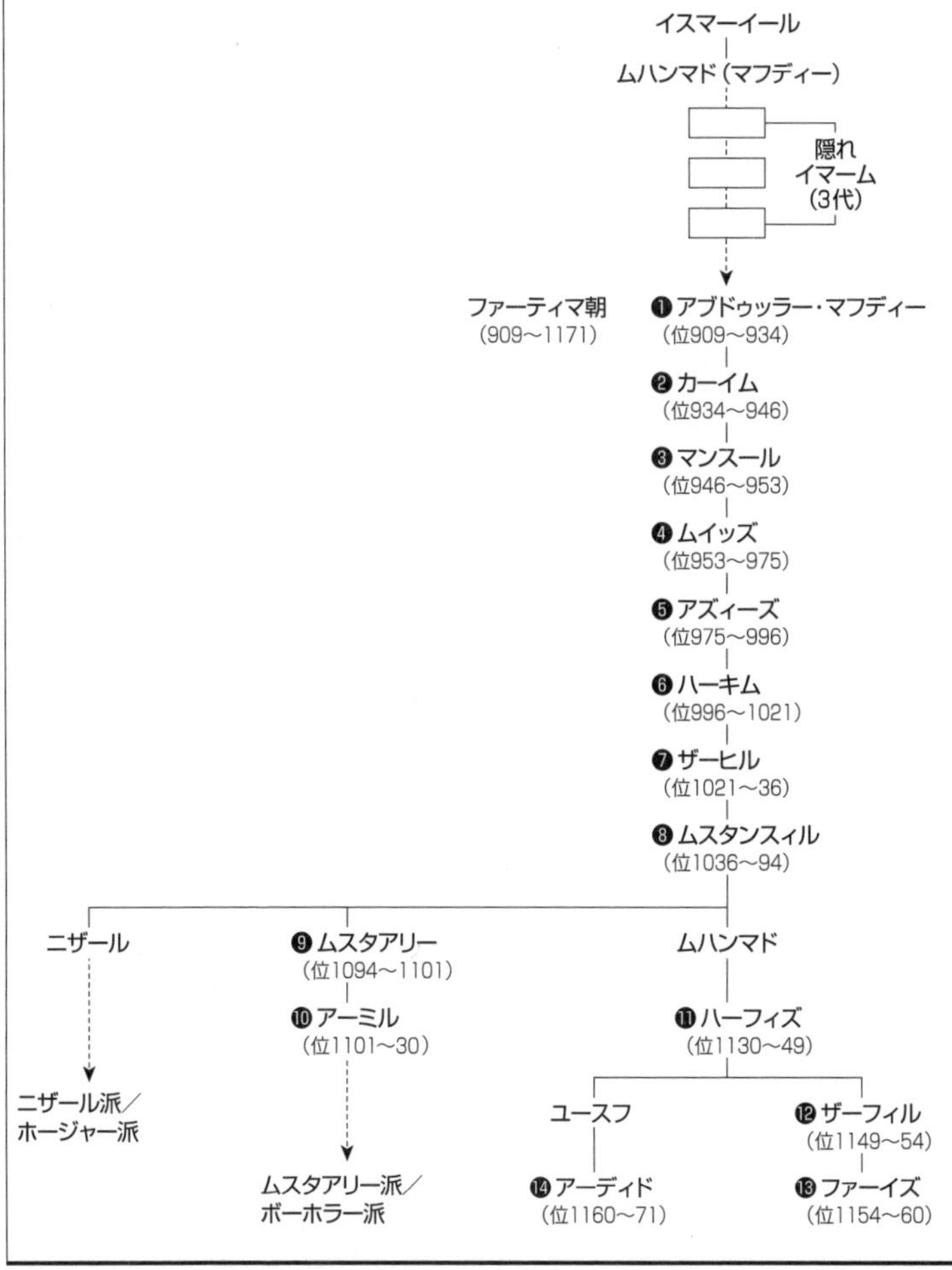
イスマーイール
ムハンマド（マフディー）
隠れ
イマーム
（3代）
ファーティマ朝
（909〜1171）
❶アブドゥッラー・マフディー
（位909〜934）
❷カーイム
（位934〜946）
❸マンスール
（位946〜953）
❹ムイッズ
（位953〜975）
❺アズィーズ
（位975〜996）
❻ハーキム
（位996〜1021）
❼ザーヒル
（位1021〜36）
❽ムスタンスィル
（位1036〜94）
ニザール
❾ムスタアリー
（位1094〜1101）
ムハンマド
❿アーミル
（位1101〜30）
⓫ハーフィズ
（位1130〜49）
ニザール派／
ホージャー派
ユースフ
⓬ザーフィル
（位1149〜54）
ムスタアリー派／
ボーホラー派
⓮アーディド
（位1160〜71）
⓭ファーイズ
（位1154〜60）

▼**トゥグリル・ベク**（在位一〇三八〜六三）　セルジューク朝の初代スルターン。

で続いた。政治権力はトルコ系遊牧民に独占され、ペルシア系の定住民がその支配に従っていく。これが中央アジア・イランに共通する政治的な構図であった。カラハン朝は、イスラーム教を最初に受容したトルコ系王朝であり、セルジューク朝も同様に、中央アジアのシャーマニズムからイスラーム教に改宗していた。

さて一〇五五年、セルジューク朝のトゥグリル・ベク▲がアッバース朝のカリフ、カーイムの要請を受けて首都バグダードに入城し、カリフからスルターンの称号を授けられた。これによってスルターン制が成立し、カリフがスルターンの支配に正当性を与え、スルターンはカリフの地位を保護することになったのである。これ以後、アイユーブ朝、マムルーク朝などスンナ派のイスラーム国家では、歴代の君主がスルターンの称号をおびることになる。

アッバース朝のウラマーたちは、セルジューク朝がブワイフ朝を駆逐し、カリフによる政治を復活させてくれることを期待したが、そうはならなかった。スンナ派カリフは、ブワイフ朝において大アミール制が成立したのち、スンナ派の共同体あるいは政治体制にとっての象徴になってしまい、セルジューク朝においてもそれは変わらなかったのである。自らの政治基盤を揺るがしかねないカリフ権力の復権は選び取らなかったセルジューク朝ではあるが、敵対するシーア派政治勢力への対抗上、スンナ派振興のための政策には熱心に取り組んだ。そしてセルジューク朝の宰相、ニザーム・アルムルクは各地に自らの名を冠したニザーミーヤ学院を設立し、スンナ派の法学と神学を広めていった。

　このようにアッバース朝が衰退し、カリフが名目的存在になり、力を強めたシーア派が一度は各地を支配するようになったが、その後、スンナ派としてまとまりをもつようになった多数派が、ふたたび勢力をもりかえしていた。そのような時代のイラン・イラクにガザーリーは生きていたのである。とはいえ、ガザーリーの生きた時代は、まだ政治的にも思想的にもシーア派に勢いがあった時代であり、ガザーリーはシーア派を論駁《ろんばく》し、哲学を批判し、スーフィズムを取り込みながら、スンナ派のイスラーム諸学を確立していくことになる。

　なお、セルジューク朝は強力な軍隊をもつ軍事政権であったが、政治については統治技術にすぐれていたイラン人にまかせていた。そのためセルジューク朝のスルターンはトルコ系であったが、官僚はペルシア系が主だった。セルジユーク朝では、トルコ系の君主が頂点にいて、ペルシア系官僚が中間層にいるという構造をとっていたのである。

なぜなら、トルコ系遊牧民は軍事的には優位に立っていたが、言語の面では、征服者のトルコ系の言葉は部族ごとに違っていて、共通の文語、書き言葉がなく、被征服者のペルシア語に比べて未熟だったからである。このため、行政用の言葉はもっぱらペルシア語であり、官僚も当然ながらペルシア系から登用された。トルコ系遊牧民の征服者のもとで、ペルシア系知識人が実質的に政治を取りしきるというのが中央アジアやイランを支配したトルコ系征服王朝の一般的な政治体制であった。

スンナ派の政治思想

ガザーリーは宰相のニザーム・アルムルクをパトロンとしていたし、セルジューク朝公認のニザーミーヤ学院の教授であったから、セルジューク朝のスルターン・カリフ関係にもとづく政治にも関心をもっており、カリフ論を中心とするイスラーム政治思想に関する著書も執筆している。政治論▲は本来もっと広

▼**政治論**　政治論はイスラーム法学の一部である。本書では述べていないが、ガザーリーは法学のマスラハ（公共の利益）理論の体系化にも貢献した。

いものであるが、ひたすらに君主制の形式のみを論じがちなことがスンナ派政治論の最大の特徴である。

古典期のイスラーム法学において、唯一合法と認められる政体は、一九二四年にトルコで廃止されるまで続いたカリフ制▲である。六三二年に預言者ムハンマドが死亡した時、誰がイスラーム共同体の後継指導者になるのか、そしてどのように選ぶのかが残されたムスリムの間で問題となった。ムハンマドの男児は夭逝《ようせい》しており、またムハンマドは後継者を指名していなかったからである。

まず重鎮であるアブー・バクルが、その場にいた者たちの選挙によって初代カリフについた。アブー・バクルはウマルを第二代カリフに指名してなくなった。ウマルは生前に六人の後継者候補を選び、彼らの互選によって後継者を選ぶよう遺言しており、彼の死後、六人の一人であるウスマーンが第三代カリフに選出された。ウスマーンは反乱兵士に殺害され、アリーが選挙によって第四代カリフに選ばれた。しかし、ウスマーンと同じウマイヤ家に属するシリア総督ムアーウィヤは、アリーのカリフ位就任を認めず、六五七年、スィッフィーンの戦いが起こった。アリーは暗殺され、勝ち残ったムアーウィヤはカリフ位

▼カリフ制　アッバース朝滅亡後、アッバース朝の後裔がカイロのマムルーク朝に保護され、名目的なカリフとして継続した。さらにマムルーク朝を滅ぼしたオスマン帝国にカリフ位が禅譲されたとされ、スルターンがカリフを兼任するスルターン＝カリフ制としてカリフが存続した。

就任を宣言し、こうしてイスラーム世界で初の世襲王朝であるウマイヤ朝が始まった。ムアーウィヤはカリフ位を息子ヤズィードに継承させ、以後、代々、ウマイヤ家の君主がカリフについた。このように、正統カリフ時代には選挙か指名によってカリフが選ばれており、また世襲制ではなかったが、ウマイヤ朝以降、カリフは父から子へ指名によって世襲されていくことになる。

正統カリフ期以降、ムハンマドが持っていた政治権力はカリフに掌握されることになった。ムハンマドは政治権力と宗教権威の両方をもっていたが、宗教権威の所在はウラマーとカリフのどちらにあるとするかについて、ウラマーとカリフの間で意見は一致しておらず、アッバース朝の第七代カリフ、マァムーンの時代まではこの問題をめぐり両者の間に緊張があった。しかしそれ以降のアッバース朝では、カリフがウラマーの宗教権威を脅かす存在ではなくなったため、ウラマーはカリフをイスラーム法の擁護者として位置づけ、両者の協調関係が成立した。カリフの権威が失墜していくなかで、イスラーム政治論（カリフ論、イマーム論）が法学者によって論じられるようになった。最初の本格的なカリフ論を提示したのは、ブワイフ朝に対してカリフの権威を主張した、ア

▼マーワルディー（九七五〜一〇五八）　シャーフィイー学派のウラマー、イスラーム政治論の祖。主著は『統治の諸規則』。

ッバース朝のウラマー、マーワルディー▲である。

彼の『統治の諸規則』によれば、カリフには預言者ムハンマドの属する部族であるクライシュ族出身者のみが即位できる。正統カリフ時代のカリフ選出方法を典拠として、指名か選挙によってカリフは選出されるとされ、選挙の場合には複数のカリフ選挙人がカリフを選ぶ。そしてカリフが選出されたのちに、新カリフに対して忠誠の誓い（バイア）がおこなわれ、カリフと選挙人の両者の間に統治契約が成立する。カリフ選挙人は有能であれば一人でもかまわないので、選挙も指名も実質的には変わらなくなる。カリフが後継カリフを指名してもかまわないし、後継カリフは息子や父であっても形式的には問題ない。

つまり、ウマイヤ朝時代以降のカリフの選出は、正統カリフ時代を模範として選挙によらなければならないが、この選挙は今日のいわゆる民主主義の選挙とは異なっている。広く一般国民に投票権があり、誰もが立候補できる選挙ではなく、複数または一人の有力者が、一人の候補者のなかからカリフを選ぶのである。投票権をもつ者も、候補者も一人という状態であり、父が子を選んでもかまわない。この場合は、民主制どころか君主制と変わらない。このような

▼**『諸王への助言』**　現実の政治権力者に対して、具体的にどのように政治をおこなうべきかについて論じたもの。晩年にペルシア語で執筆された。マリク・シャーの子、ムハンマドないしはサンジャルに献呈されたとされる。この書は全部が真作であるという説、偽作であるという説、前半は真作だが後半は偽作という説がある。

理論により、ウマイヤ朝以降の世襲カリフも、正統カリフ時代のカリフ制度と同様に選挙人によって選出されているとして正当性された。またブワイフ朝の君主のような覇者(実力者)が権力を掌握することも、カリフによる覇者への統治権の委任というかたちで同様に正当化された。このように、マーワルディーの政治論は、これまでの歴史と現状を追認し合法性を与えるものであった。

一方、ガザーリーは『中庸の神学』『宗教諸学の再興』『諸王への助言』▲などで政治論について述べているが、ガザーリーのカリフ論が詳細に展開されるのは、アッバース朝のカリフ、ムスタズヒルに命じられて執筆したというイスマーイール派批判の書『ムスタズヒルの書』である。ガザーリーによれば、カリフは人間に対する神の代理人であり、知事や裁判官を任命し、神の法を実施する。カリフの選出については、選挙による。選挙人の数は重要ではなく、実力者で、人々が服従する者であれば一人でもよい。彼が新カリフを推挙して忠誠の誓いをすれば、全ムスリムも彼に忠誠を示したことになる。つまり権力者がカリフを決定できる。軍事力をもつ権力者(スルターン)が、アッバース家の人物に対して忠誠の誓いを表明すれば、その人物はカリフになるのである。

カリフになる者が満たす必要のある条件としては、以下の項目があげられる。成年、奴隷ではない自由人、男性、ムハンマドの出身部族であるクライシュ族出身者であること、そして理性、健全な聴覚と視覚、武勇、行政能力、知識、敬虔さを備えていることである。武勇については、トルコ人によって代用させてよい。カリフが自ら政治をおこない、軍の指揮にあたるのは当然だが、そうでなければ意見と指示だけを与えてもよい。行政能力には知性と聡明さが前提とされるが、これも優れた意見や経験の持ち主に相談して補うことができる。知識についても、カリフ自身が独自の法的解釈をおこなう必要はなく、ウラマーに聞けばよい。

このようにカリフにはさまざまな条件があるが、これらの条件は建前にすぎず、ガザーリーは、カリフに対して厳しい要求はしていない。アッバース朝初期までみられた、宗教的・政治的指導者としてのカリフの姿はそこにはない。ガザーリーは、あるべき理想を説くのではなく、社会の平和と安定のために、覇者が権力を掌握するという今起きている現実を形式論的に追認しているのである。以上のように、ガザーリーの政治思想は、弱体化したカリフから権力を移譲された権力者がカリフを選び、また実質的に支配するという現状を正当化するものであるといえよう。

　ブワイフ朝のマーワルディーとセルジューク朝のガザーリーの政治思想は、根本的には変わらない。つまり新カリフへの忠誠の誓いが成立すれば、統治契約が完了するとして、有名無実化したカリフを形式的に正統化し、ひたすら現行の政治体制を認めるというものである。ただガザーリーにおいては、権力者がカリフを指名できるという記述がみられ、より実質的、実際的になったといえよう。さらにマムルーク朝のシャーフィイー学派法学者、イブン・ジャマーア▲においては、スルターンがカリフを実力で選出するだけではなく、自らがカリフとなる可能性も認めており、ガザーリーよりも一層現実的な政治論を展開したといえよう。このように、ガザーリーを含めて中世のスンナ派政治思想は、おおむね現状追認型であり、現状を批判してその変革を求める要素はほとんど存在しない。

▼**イブン・ジャマーア**（一二四一〜一三三三）　シャーフィイー学派法学者。覇者の権力を肯定する政治論を説いた。

②—ニザーミーヤ学院時代の活動

ニザーミーヤ学院とスンナ派法学

ニザーミーヤ学院とは、セルジューク朝の宰相であるニザーム・アルムルクが、ニーシャープール、バグダード▲、イスファハーン、レイ▲などの治下の主要都市に設立したマドラサ(学院)である。マドラサとは、法学を中心に、神学・ハディース学・アラビア語学などのイスラーム諸学を教授する寄宿制の高等教育施設であり、十世紀にホラーサーン地方で地域社会の有力者たちによって建設されはじめ、ニザーミーヤ学院創設以降、各地に設立された。学生は構内の小部屋に居住し、自らのマドラサや他の場所でおこなわれる授業に参加して勉学をおさめた。明確な就学年齢や修業年限などは、ふつう定められていなかった。一般的にマドラサは、国家の枢要《すうよう》を占める者たちによって、ワクフ(寄進)▲対象物件として建設されたため、マドラサは彼らによるウラマーの保護・統制の重要な手段となった。またマドラサの教師の俸給と学生の奨学金などは、ワクフからえられる利益によってまかなわれた。

▼バグダード　アッバース朝第二代カリフのマンスールが、ティグリス川西岸の村落バグダードに造営した都城。十世紀を境に政治・経済的繁栄はファーティマ朝の首都カイロに奪われた。現在のイラクの首都。

▼レイ　イラン中北部の都市。ジバール地方東部の中心都市として重要な役割を果たしたが、モンゴルの侵入以降、テヘランにその役割を奪われた。

▼ワクフ　私財の所有者がそこからえられる収益をある目的に永久にあてるため、所有権を放棄する寄進制度。

さて、スンナ派には四大法学派▲と二大神学派▲があるが(法学派と神学派については後述)、ニザーミーヤ学院では、シャーフィイー学派▲の法学とアシュアリー学派の神学が教授された。ガザーリーの例にみられるように、シャーフィイー学派の法学者はしばしば同時に、アシュアリー学派の神学者であったが、かならずしもこれらの思想や傾向と、学問上ないしは組織上の密接なつながりがあったわけではない。しかし、概してアシュアリー学派神学者の大部分は法学的にはシャーフィイー学派に属し、マートゥリーディー学派の神学者はハナフィー学派▲の法学に属していた。

中央アジアから進出したセルジューク朝のトルコ人は、中央アジアに広まっていたハナフィー学派に最初から属していた。しかしニザーム・アルムルクが宰相になると、ハナフィー学派との均衡政策のため、バグダードに拠点があったシャーフィイー学派が優遇されるようになったようである。

ニーシャープールのニザーミーヤ学院で教えた著名な学者として、ガザーリーの師匠であったジュワイニーがいる。ハナフィー学派を支持するセルジューク朝の宰相クンドゥリー(?~一〇六三)によるアシュアリー学派およびシャー

▼四大法学派　ハナフィー学派・マーリク学派・ハンバル学派・シャーフィイー学派の四つ。ほかにもアウザーイー学派(十世紀末には消滅)、ザーヒル学派(十二~十三世紀には消滅)などいくつかの法学派があったが、淘汰された。そして十~十三世紀に、四大法学派の寡占状態がほぼ確定した。スンナ派ムスリムはいずれかの法学派に属する。

▼二大神学派　アシュアリー学派とマートゥリーディー学派の二つ。さらに、神学的議論を忌避する伝承主義もスンナ派における一つの神学的立場といえよう。アシュアリー学派と争ったムゥタズィラ学派は、十世紀以降排除されていき、シーア派神学に継承された。

▼シャーフィイー学派　シャーフィイー(七六七~八二〇)を学祖とする。イスラーム法の四つの法源(イスラーム法を導き出す典拠)として、コーラン、スンナ(預言者の慣行)、イジュマー(共同体の合意)、キヤース(類推)を定めて法源学を確立した。初期の時代にはイラクとエジプトに中心があったが、しだいに中東での

勢力は減退し、東南アジア・東アフリカに広まった。

▼ハナフィー学派　イラクの法学派を継承したアブー・ハニーファ(六九九?〜七六七)を学祖とする。個人的見解にもとづく判断を重視するため現実問題に対してより柔軟に対処することができる。オスマン帝国の公認学派。トルコ・インド・中央アジアに広まった。

▼イマーム・アルハラマイン　イマームは師匠を意味し、アルはアラビア語の定冠詞、ハラマインは、ハラム(聖地)の双数形である。

▼イスラーム法　アラビア語でシャリーアといい、原意は「水場に至る道」。コーランやハディースから導き出される神の戒律。宗教儀礼だけではなく、社会的日常的な規範も含む。イスラーム法に従って生きていけば、天国に行くことができるとされる。

フィイー学派の迫害が始まったため、一〇四八年、ジュワイニーはニーシャープールを離れ、聖地メッカとメディナで講義をした。そのためにイマーム・アルハラマイン(二聖地の師▲)と呼ばれる。一〇六三年、迫害政策を撤回した宰相ニザーム・アルムルクによって、ニーシャープールのニザーミーヤ学院教授に任命され、一〇八五年になくなるまでそこで教鞭をとった。

一〇九一年七月、ガザーリーはニザーム・アルムルクにより、三三歳にしてバグダードのニザーミーヤ学院の教授に任命された。これは、ガザーリーがスンナ派学問世界の頂点となった証である。そしてガザーリーは、一〇九五年まで同学院教授として活躍した。自伝によると、ニザーミーヤ学院教授時代のガザーリーは、三〇〇〇人の学生の指導と講義をおこなっていたという。同学院で法学や神学を教授し、著述活動をおこなう合間を縫って、哲学やシーア派を研究し、批判の書を執筆していたのである。

マドラサで教授されるイスラーム諸学の中心は、イスラーム法▲を扱う法学であった。イスラーム法の規定は、礼拝・断食・巡礼といった宗教儀礼のみならず、結婚・離婚・相続・利息の禁止・服装・食物・葬儀といった日常生活のすべてにおよんでいる。イスラーム法を遵守すれば救いに至るとされ、日常生活のなかで生じた問題について、信徒に回答や指針を与える役割をウラマーが担っている。

先に述べたようにガザーリーは、スンナ派四大法学派（ハナフィー学派・マーリク学派▲・シャーフィイー学派・ハンバル学派▲）のうちシャーフィイー学派のウラマーである。『法源学の精髄』などの法学書を著したが、散逸して今日には伝わっていないものも多い。ガザーリーは、師匠のジュワイニーからシャーフィイー学派法学を受け継ぎ、発展させた。

ガザーリーの時代には、ウラマーとスーフィーとの間には緊張関係があった。当時スーフィーのなかには、飲酒や同性愛に走るなどイスラーム法を守らない者もいたからである。しかしガザーリーは、イスラーム法をしっかり遵守しながらスーフィーとして生きることが重要だとしている。神の命令であるイスラーム法を守ることは神を身近に感じることであり、ガザーリーはイスラーム法を尊んだ。ガザーリーが『誤りから救うもの』で批判・検討した四つの学問のなかに、法学は含まれていない。しかしながらガザーリーは、『宗教諸学の再

▼マーリク学派　マーリク・イブン・アナス（七〇八または七一六〜七九五）を学祖とし、メッカとメディナを含むヒジャーズ地方に存在した法学派から生まれた。地域的な慣行とコーランの典拠を重視し、学派成立以前のメディナの慣習法の影響が強く残っている。北アフリカ・サハラ以南・アンダルスに広まった。

▼ハンバル学派　ハディース学者でもあるイブン・ハンバル（七八〇〜八五五）を学祖とする。イブン・ハンバルは、個人的見解に依拠するハナフィー学派を批判し、コーランとスンナのみを有効な法源として認めた。十一世紀からシリア・パレスティナを中心に最盛期をむかえたが、以後勢力は衰えた。十八世紀にアラビア半島に興ったワッハーブ派に受容され、サウディアラビアの法学派となっている。なおワッハーブ派とは、十八世紀半ば、ムハンマド・イブン・アブド・アルワッハーブ（一七〇三〜九二）がアラビア半島で起こした復古主義的イスラーム改革運動。

イブン・ハンバルの伝記絵本の表紙　アッバース朝第七代カリフ、マァムーンの時代、公認教義となったムゥタズィラ学派の創造されたコーラン説（三五頁参照）に反対したため投獄されたが、弾圧に耐え、不屈の英雄とみなされた。

▼アブー・ユースフ（七三一〜七九八）　初期ハナフィー学派の法学者。アブー・ハニーファに弟子入りし、頭角をあらわした。バグダードの裁判官（カーディー）に任命され、ハールーン・アッラシードの信任をえて、大法官の称号を与えられた。

興』などの著作において、ウラマー（とくに法学者）や法学の堕落については厳しく批判している。

　ウマイヤ朝時代のウラマーは、権力者に取り込まれることを恐れて、距離を保っていた。しかしアッバース朝時代には、カリフ、ハールーン・アッラシードによるハナフィー学派のウラマー、アブー・ユースフ▲の大法官登用に見られるように、しだいにウラマーとカリフや支配権力との間に相互依存関係、協調体制が生まれた。なぜなら、支配者はその正当性を確保するために、大衆の宗教的指導者であるウラマーの協力を必要とし、またウラマーもイスラーム法の強制的な執行のために、国家権力と支配者による財政的援助を必要としたからである。こうして両者の緊張は和らいだが、腐敗や癒着が起きるようになった。

　ガザーリーは、ウラマーの中には来世のことを忘れ、現世的利益を追求する者もいるとして、『宗教諸学の再興』所収の「知識の書」のなかで、以下のようなアブー・ユースフの堕落の例をあげている。アブー・ユースフは、毎年末、妻に自分の財産を与え、のちにそれを返してもらうやり方で税をまぬがれていた。そのことが師のアブー・ハニーファに伝えられると、彼は「それは彼の法

アブダビの喜捨（ザカート）のための献金箱

学のやり方であり、それはそれで正しい。それが現世の法学なのだから。しかし、それが来世においてもつ害は、どんな罪よりも重い」と述べた。またガザーリーは、法学は元来、現世の福利を実現し、それによって来世に奉仕するものであったが、やがて現世にだけ奉仕する好ましからざる学問になってしまったと批判している。

　ガザーリーは、イスラーム法を守って外面的な行為だけを取りつくろっても来世においては役に立たず、内面が神とつながっていなければいけないと考えた。ガザーリーにとって、イスラーム法を守ることと、スーフィズムにおいて神との合一を体験することは、どちらも重要なのである。ガザーリーは法学を認めたが、従来のかたちのままではなく、スーフィズムと両立させたかたちのイスラーム法遵守を説いたのである。

シーア派への批判

　先に述べたように、ガザーリーは『ムスタズヒルの書』においてシーア派のイスマーイール派を批判し、唯一の正当なイマーム（カリフ）はムスタズヒルで

▼無謬のイマーム　無謬とは、誤りを犯すことが決してないという意味。無謬のイマーム論は、ザイド派を除くシーア派の根本教義。

イエメン、フタイブのイスマーイール派施設　イスマーイール派の思想家ハーミディーの墓廟(手前の白い建物)とモスク(山上の建物)。

あることを証明しようとした。ここでは、自伝におけるガザーリーのイスマーイール派批判をみてみよう。イスマーイール派とは、七六五年、シーア派第六代イマーム、ジャアファル・サーディクの死にさいし、その子イスマーイールのイマーム位継承を支持したシーア派の分派である。八九九年に同派のアブドゥッラーという人物が、自分がイスマーイールの系譜を受け継ぐイマームであると主張し、イマーム＝カリフとして北アフリカにファーティマ朝を樹立した。

　ガザーリーによれば、イスマーイール派では、信徒はその指導者である無《む》謬《びゅう》のイマーム▲に絶対服従しなければならず、イマームにたずねなければなにも分からないという。ガザーリーは、礼拝の方角(キブラ)を知るのが困難な人は自主的判断で礼拝をすべきであり、礼拝の方角の知識を求めてイマームのところに旅をしていたら、礼拝の時刻は過ぎてしまうとして、人間は時として間違うことがあることを承知のうえで、イマームへの盲目的な服従ではなく、自主的判断をするよう説いている。

　ただしガザーリーは、真理を伝授する無謬の伝授者が必要不可欠であることは認めている。しかしそれはイマームではなく、預言者ムハンマドのことであり、ムハンマドにより伝授が完成したのだから、彼の死後、無謬の伝授者は不在でもかまわないという。ガザーリーの理解によれば、イスマーイール派では、真理はイマームによってのみ伝授され、信徒は理性による判断をいっさい否定してイマームに従わなければならない。しかし、イスマーイール派は誰をイマームとして特定するかという証明すらできていないとして、ガザーリーはこれを批判している。

　このように、ガザーリーの説明するイスマーイール派の教義はイマームの無謬性、絶対性が中心であり、イスマーイール派の哲学的な議論についてはほとんどふれられていない。ガザーリーは、イスマーイール派の中にはお粗末なピュタゴラス哲学の知識をもつ者がいるが、それはギリシア哲学の最初期に属するもので、哲学諸派のなかでももっとも弱いものであり、アリストテレスが批判しているとして切り捨てている。ただし、イスマーイール派のスィジスターニー▲やキルマーニー▲といった思想家は高度な哲学を論じているため、ガザーリーはイスマーイール派の哲学書ではなく、宣教の手段であったパンフレットを参照してイスマーイール派を理解していたと考えられる。

シリア、サラミーヤのイスマーイール派施設

▼スィジスターニー（?～九七一以降）　ホラーサーン地方などで教宣活動をおこなったイスマーイール派宣教師。新プラトン主義哲学を導入し、従来の教義と融合させた。ファーティマ朝カリフのムイッズとの政治的妥協により、彼の教義は同朝に受容された。

▼キルマーニー（?～一〇二〇以降）　イスマーイール派の哲学者。ファーティマ朝の支配の正当性を、新プラトン主義の影響を受けた壮大な宇宙論のレベルから説明した。

以上、ガザーリーのイスマーイール派批判をみてきた。ガザーリーはシーア派の特徴である無謬のイマームに対する個人崇拝を批判している。スンナ派にとっては、預言者ムハンマド以外に無謬の人間は存在しない。預言者ムハンマドの没後、スンナ派にとって重要なのは、新たな問題が生じたさいのウラマーによる自主的な判断と、その判断に対する共同体の合意である。ガザーリーがスンナ派とシーア派の宗派論争においてはたした役割は、イマームへの個人崇拝や服従を否定し、シーア派とは異なるスンナ派の姿勢を示したことだといえよう。

ガザーリーの死後、一一七一年に宗教上、政治上の脅威だったイスマーイール派のファーティマ朝が滅亡し、一二五六年にイランにあるニザール派のアラムート要塞が陥落すると、政治権力を掌握したシーア派イマームは存在しなくなってしまった。さらに一二五八年にはモンゴル帝国によってアッバース朝カリフ政権が瓦解し、スンナ派のカリフもいなくなってしまう。イマームやカリフがイスラーム共同体の統治者となる可能性がなくなった以上、シーア派とスンナ派が宗派論争をおこなう根拠は乏しくなっていった。

神学への貢献

ガザーリーは、ジュワイニーからアシュアリー学派神学を学び、哲学を批判的に取り入れながら、神学を発展させた。イスラーム神学は、コーランに述べられている信条を論証によって擁護し、それと矛盾する見解を反駁《はんばく》する学である。預言者ムハンマドの死後から、キリスト教徒やマニ教徒との論争やギリシア哲学の影響を受けて、信仰とはなにか、行為に対する人間の責任、神の擬人的表現の解釈といった個々の問題が、七〜八世紀のさまざまな初期の神学派▲によって議論された。

初期の神学派は、それぞれ個別のテーマを議論していたが、それらの議論を体系的に論じたイスラーム史上最初の体系的な神学派は、八世紀前半にイラクのバスラで生まれたムゥタズィラ学派▲である。さらにムゥタズィラ学派による、啓示（コーラン）よりも理性を重視しがちな合理主義への反動として、元ムゥタズィラ学派の神学者、アシュアリーを学祖とするアシュアリー学派▲が十世紀初頭のイラクで生まれ、マートゥリーディー学派▲とともにスンナ派の二大神学派の一つとなった。アシュアリー学派は、ムゥタズィラ学派を批判するとともに、

▼神学派　信仰とは行為であり、大罪を犯せば不信仰者となると考えるハワーリジュ派、信仰と行為を切り離し、大罪を犯しても信仰者かどうかの判断は最後の審判まで留保されるとするムルジア派、人間には自由意志があり、自分の行為に責任をもつとするカダル派、人間の運命は神によって予定されているとするジャブル派、コーランにおける神の擬人的表現について、それを文字どおり受け入れて人間と同じようなものだと理解するハシュウィー派、比喩的に解釈するジャフム派などがあらわれた。

▼ムゥタズィラ学派　イスラーム思想史上、最初の体系的合理主義的神学派。彼らはあまりにも理性を重視し、合理的にコーランを解釈しがちであったので、一般庶民からの支持を失うことになる。

▼アシュアリー学派　十世紀にイラクで生まれた神学派。イスラーム教の信条を、コーラン、ハディースのみならず、理性的思弁によって弁護した。学祖アシュアリー（八七三〜九三五）以降、バーキッラーニー（九四〇頃〜一〇一三）、バグダーディ

ー(?〜一〇三七)、ジュワイニー、ガザーリー、シャフラスターニー(一〇八六〜一一五三)、ラーズィー(一一四九〜一二〇九)、イージー(一二八一〜一三五六)、タフターザーニー(一三二二〜八九／九〇)といった著名な神学者を輩出し、発展していく。

▼マートゥリーディー学派　十世紀に中央アジアのサマルカンドで生まれた神学派。学派の名祖マートゥリーディー(八七三以前〜九四四頃)は、ハナフィー学派の学祖アブー・ハニーファの教説にもとづき、アシュアリー学派とは異なる神学派を樹立した。はじめ中央アジアに限定されていたが、セルジューク朝(初期にはマートゥリーディー学派を採用していた)の西遷とともに東アラブ世界でも知られるようになり、主要なスンナ派神学派となっていく。神の絶対性を強調するアシュアリー学派に対して、人間の理性をやや重視し、人間の行為に関して自由意志を認めることにおいてムゥタズィラ学派に近い。

コーランやハディースといった伝承だけに依拠して理性を否定したハンバル学派に代表される伝承主義者も批判し、両者の中間の立場をとった。

　ムゥタズィラ学派、伝承主義、アシュアリー学派の三つの立場を「神の言葉であるコーランは創造されたものか否か」という議論を例に説明しよう。ムゥタズィラ学派は、もしコーランが永遠なら永遠なる神そのもののほかに、もう一つ永遠なものが存在することになってしまい、唯一の神に並ぶものがあるのは都合が悪いので、コーランは創造されたもの(つまり永遠ではないもの)であると主張した。伝承主義者は、コーランは永遠なるものとしたが、論証することは拒否した。アシュアリー学派は、神の言葉は永遠なる神そのものではないが、神と別ものでもない、したがってコーランの表現形式は創造されたものであっても、コーランの観念内容は永遠なるものであると説明したのである。

　ムゥタズィラ学派とアシュアリー学派は、意見が対立することが多く、お互いの反駁書が書かれた。しかし、世界はどのようにして存在しているのかという存在論の問題において原子論を採用することに関しては、四元素説を採用する若干のムゥタズィラ学派を除けば、ほぼ意見が一致していた。原子論によれ

▼**原子**　空間に位置を占めず、大きさをもたない幾何学上の点。

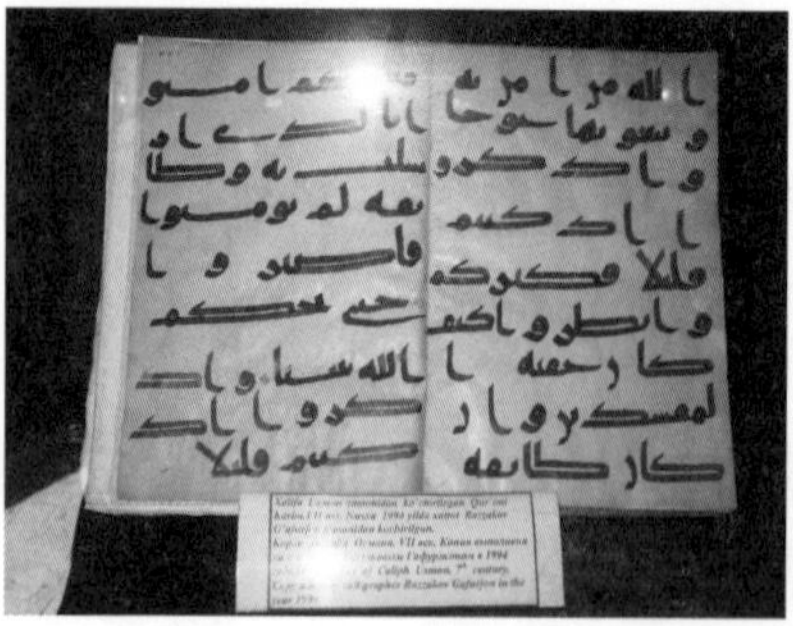

第三代正統カリフ、ウスマーンの時代に結集されたコーランのレプリカ　羊皮紙で再現されている。タシケントのイスラーム大学図書館蔵。

ば、世界は、目に見える物体であろうと、不可視界や人間霊魂といった目に見えない霊的なものであろうと、すべて原子▲から成っている。原子は一瞬しか持続できないため、瞬間ごとに神によって創造される。したがって、原因と結果の関係もなくなってしまい、因果関係があるかのように見える現象も、実際は神によってばらばらに創造されているのである。

たとえば、林檎をもつ手を離せば林檎は床に落ちる。しかし、これは手を離したから林檎が落ちたのではなくて、そもそも手にもっていた林檎と落下した林檎は、別々の瞬間に創造されたものなのである。もちろん、ムスリムもわれわれと同じように因果律を前提とした暮らしをしている。ふだんは、神の瞬間ごとの創造によって因果関係に従った現象が保たれており、神学者はそれを「神の慣行」として説明するのである。

なぜ神学者たちは、このような因果関係を否定する原子論の議論をしたのだろうか。それは、思弁を用いて、コーランに述べられている神の奇蹟が論理的にありうることを説明するためである。先に述べたように、林檎をもつ手を離せば林檎は落ちる。しかし原子論では、もし神が落下する林檎を創造しなければ、林檎は空中で止まっているかもしれない。また神がつねに林檎を創造し続けなければ、手にもっている林檎が次の瞬間、さくらんぼになったり、蛇になったりするかもしれない。奇蹟とは、神が「神の慣行」をやぶったときに起こる現象であるといえよう。世界のあらゆる出来事が神の力によってつねに創造されなければ、この世界は持続しない。原子論は、神の全能性を説明するのに適している。

また原子論にもとづいた存在論は、原子論を採用しなかったイスラーム哲学の立場とは異なっている。哲学によれば、世界は形相と質料▲からなっている。霊的なものは非物質的なものとされ、物質的な原子とは異なる存在が認められている。ガザーリーは、アシュアリー学派神学に哲学の論理学を取り入れながら、神学書『中庸の神学』▲を著した。ガザーリーは、この書では原子論を支持している。そして神は非物質的なものであるが、世界は原子から成っているとし、両者の隔絶性を説いているのである。

しかしガザーリーは、後述する回心後のスーフィズムの著作では原子論とは違う系列の存在論を説いており、イスラーム哲学に接近した霊的世界を認めて

▼**質料**　物質の構成要素であり、地水火風の四元素である。一方、神や第一知性は質料をともなわず、形相のみが認められる。

▼**『中庸の神学』**　序論では、神学の重要性、第一部では、神の存在証明や神は永遠であるといった神の本質に関する事項、第二部では、神の力や知識、言葉といった擬人的な属性(性質)について、第三部では、神は人間に能力以上の義務を課すことも可能であることといった神の超越性、第四部では、来世に関する事柄などが論じられている。

いるのである。ガザーリーは世界を現象界と不可視界に分け、現象界は量と大きさの世界であるが、不可視界は量と大きさをこえた世界であり、神的な霊魂が属する世界であるとしている。ガザーリーは、不可視界について、哲学の非物質的な世界であるとは明言はしていないが、慎重な表現で、原子とは異なる世界を認めているのである。

ガザーリーの影響を受けた重要な思想家として、ガザーリーに匹敵する大学者であるラーズィー▲があげられる。ラーズィーは、現象界を原子から成る世界とし、不可視界を非物質的なものだとして、神学の原子論と哲学の存在論を折衷している。神学では、不可視界に属する天使や霊魂は、原子によって構成された物質的なものと考えられているのに対し、ラーズィーは天使や霊魂を非物質的なものと考えている。したがって、ラーズィーの霊的世界の存在論において哲学の影響は明らかである。ガザーリーの存在論は、ガザーリー以前のアシュアリー学派からさらに哲学に接近していったラーズィーに先んじて、従来のアシュアリー学派の原子論を大きく変えたといえよう。

『中庸の神学』は、基本的には伝統的なアシュアリー学派の枠をでるもので

▼**ファフルッディーン・ラーズィー**（一一四九〜一二〇九）　テヘランの南の都市レイに生まれ、ホラズム・シャー朝の保護を受けたアシュアリー学派神学者、シャーフィイー学派法学者。思想的にはガザーリーを継承し、アシュアリー学派神学に哲学を批判的に取り入れ、また神秘主義的傾向をもち、さまざまな思想潮流を融合させた。百科全書的なコーラン注釈書、イブン・スィーナーの注釈、哲学批判の著作、神学的著作、神名注釈書、薬学、幾何学、人相学などさまざまな分野の著作を残している。

セルジューク朝の君主と哲学者

はないが、論述の形式には、論理学の方法や哲学用語が用いられ、ギリシア哲学の影響がみられる。伝統的神学では、論争の相手は対立する神学派だけであったのに対し、本書では、論敵として理性を強調するムゥタズィラ学派のみならず、哲学者も想定されており、議論が哲学的になっているのである。ガザーリー以降、アシュアリー学派は哲学のなかの論理学、形而上学を批判的に受容し、ますます哲学化していくことになる。ガザーリーは、アシュアリー、ジュワイニーの神学を引き継ぎ、さらに論理学を取り入れてアシュアリー学派神学を大きく発展させたのである。

一方、自伝において、ガザーリーは神学の限界をも認識していた。神学は、コーランやハディースのほかに論証を用いて、啓示にもとづく伝統的なイスラーム教の信仰を、異端や逸脱した説から守る護教の学である。しかし神学は、信仰をもっていることを前提としており、信仰の確信をえるものではないし、神に近づく手段でもない。よって、霊的な救いのためにはスーフィズムが必要とされるというのである。

哲学の批判と受容

ビザンツ帝国およびササン朝治下の西アジア地域には、古代ギリシアの諸学問が受け継がれていた。アッバース朝が成立すると、カリフのもとで、ギリシア語文献やシリア語文献のアラビア語への翻訳活動が推進された。こうしてイスラーム哲学は、ギリシア哲学がイスラーム世界に移入されることから始まった。キンディー▲、ファーラービー▲といった哲学者が基礎を築いたが、イスラーム哲学を体系化したのは医学者としても有名なイブン・スィーナー▲である。

ギリシア哲学をもとにしながらも、イスラーム哲学者によって独自の思想体系となったイスラーム哲学は、イスラーム世界における新たな一つの思想潮流となっていく。しかし、後述するように、哲学はコーランに書かれている内容と矛盾する内容を含むため、イスラーム思想家たちの反発を招いた。哲学をしっかり学んだうえでそれを批判したのが、ガザーリーである。

自伝によればガザーリーは、哲学を批判するためには、まずそれを習得しなければならないと考え、ニザーミーヤ学院の講義の合間を縫って、師匠の助けを借りずに書物からの読書のみによって、二年足らずで哲学者たちの諸学に精

▼キンディー（八〇一?～八六六?）　最初のムスリム哲学者。非アラブ系の哲学者が大多数を占めるなかで生粋のアラブ人であったことから、アラブ人の哲学者と呼ばれる。無からの創造や啓示の優位性など、のちの哲学者にはみられない主張がある。

▼ファーラービー（八七〇頃～九五〇）　アリストテレスにつぐ第二の師と称される哲学者。新プラトン主義哲学の影響を受けた著作を書き、知性論、流出理論などはイブン・スィーナー思想の先駆。

▼イブン・スィーナー（九八〇～一〇三七）　中央アジアのブハラ近郊に生まれ、ブハラで哲学のみならず、医学・法学も学んだ。アリストテレスの『形而上学』を理解するのに苦労したが、ファーラービーの注釈によって理解したという。代表作は、論理学・自然学・数学・形而上学・実践哲学を含む大著『治癒の書』と、理論と臨床的知見とを集大成した『医学典範』。

Petrus Liechtenstein Coloniensis Germanus: et oīs Erwerueldē oriūdus Ad laudem ⁊ honorem dei sūmi tonantis: et ad cōmune bonum seu utilitatem sūmis cum vigiliis laboribusq; hoc pclarū in lucem opus prodire fecit Anno Virginei partus. M.D.VI. Idibus Februarijs sub hemisphaerio Veneto.

* * *

Incipit Logica Algazelis de his que debent preponi ad intelligētiam logice: ⁊ ad ostendendum utilitates eius: ⁊ partes eius. Capitulum primum.

Quamuis scientiarū multi sint rami: due tñ sunt proprietates: imaginatio ⁊ credulitas. Imaginatio est apprehēsio rerū quas significant singule dictiones ad intelligendum eas: ⁊ ad certificandū: sicut est apprehensio significationis huius nōis canis arbor: spiritus: angelus: ⁊ cōsimiliū. Credulitas vero est sicut q̄ dicitur mundus cepit: et obedientia remunerabitur: Necesse est autem omnem credulitatē precedant ad minus due imaginationes. Quisquis eni non intellexit significationē huius dictionis per se que est mūdus ⁊ huius dictionis per se que est cepit: nō intelliget credulitatē hanc q̄ mūdus cepit: sed hoc nomen mundus non imaginanti eius significationē erit nihil significans velut hundus: similiter et significatio huius verbi qđ est cepit: non intelligenti eam erit velut significatio huius vocis que est debit quasi nulla: et tunc si diceret tibi hūdus debit: nec crederet nec concederet: qđ eni' quis non intelliget quō concedet vel negabit? Amplius imaginatio et credulitas vtraq; dicitur in id qđ primū apprehendit' p se sine exquisitiōe ⁊ excogitatione: ⁊ in id qđ nō apprehenditur sine inquisitione: Qđ autem imaginatur statim sine inquisitione est: sicut ens: aliquid: res: ⁊ similia: Quod vero non imaginat' sine inquisitione est sicut spūs ⁊ angelus: ⁊ imaginatio rerum: quarum essentie sunt occulte. Credulitas vero que statim apprehendit' sine inquisitione est velut scientia hec: ⁊ est q̄ duo sunt plus q̄ vnū: ⁊ que eidē equalia idem: et inter se credibilia alia: et cum his etiam sunt sensibilia: ⁊ pbabilia ⁊ multa alia de sententijs in quibus retinēdis oēs cōueniūt sine precedenti inquisitione que comprehenduntur in .xiij. speciebus de quibus postea loquemur. Credulitas autē que non apprehendit' sine inquisitione est velut hec q̄ mundus cepit: ⁊ q̄ est resurrectio corpoꝝ: ⁊ q̄ retributio est maloꝝ et bonoꝝ: ⁊ similia. Quicqđ aūt non potest imaginari sine inquisitione non potest apprehendi sine diffinitione: ⁊ quicquid non potest credi sine inquisitione nō potest apprehēdi sine argumētatione: Sed ante hoc necesse est precedere sine dubio aliquam scientiam. Cum igit' ignorauerimus significationē huius nōis homo: ⁊ interrogauerimus quid est: ⁊ responsū debit' quidē nobis q̄ est aīal rationale mortale: oportebit tunc q̄ animal sit cognitū apud nos prius et rationale ad hoc vt per cognitionē horum duoꝝ acquiratur nobis cognitio hōis ignoti. Iterum etiam dum non credimus q̄ mūdus cepit ⁊ dixerit quis q̄ mundus est formatus: sed oē formatū cepit: ergo mundus cepit certe hoc totū non faceret nos scire id qđ nescimus de inceptione mūdi nisi precederet credulitas q̄ mūdus est formatus: et q̄ oē formatū cepit: et tunc ex his duabus scientijs acquiremus scientiam rei ignote nobis. Manifestum est igitur ex hoc q̄ oīs sciētia que inquirit' nō acquirit' nisi per aliquā scientiā que precedit: et hec non tendit in infinitū: nā

Imaginatio et credulitas sunt proprietates scientiarum

Qđ q̄s nō intelligit nō debet cōcedere

Sciētia que inquirit' inquirit' p precedentem scientiā

a 2

『哲学者の意図』のラテン語訳

通することができた。そして哲学を理解したのちの一年間で、哲学についての思索をたゆみなく続け、その虚偽と欺瞞《ぎまん》についても理解したという。

このようにガザーリーは、イブン・スィーナーなどの著作を読んで哲学を研究し、一〇九四年、哲学の概説書として高く評価されている『哲学者の意図』としてまとめ、続いて一〇九五年、哲学批判の書である『哲学者の自己矛盾』を執筆した。この書の批判によって、イスラーム哲学は壊滅的な打撃を受けることになる。なお、ヨーロッパに伝わった『哲学者の意図』の写本には、ガザーリーの真の意図を述べた序文とあとがきが欠落していたため、ヨーロッパでは、ガザーリーは哲学者（ラテン語名アルガゼル）と誤解されてしまった。

一口に哲学といっても、数学・論理学・自然学・形而上学・政治学・倫理学に分類され、ガザーリーはそれぞれについて検討している。彼によれば、哲学の中には非難されるべきものと非難されないもの、またイスラーム教の教義に反する不信仰とされるものとされないものがある。数学や論理学などは宗教とは関係なく、否定されるものではない。コーランに書かれている内容と矛盾し、イスラーム神学と対立して問題になるのは、形而上学である。

講義中のアリストテレス

▼**プロティノス**(二〇五頃〜二七〇) 新プラトン主義を代表する哲学者。一者からの万物の流出および人間霊魂の一者への回帰を説いた。

▼**プトレマイオス**(?〜一六八?) 主著『アルマゲスト』において、地球が宇宙の中心にあり、太陽やその他の惑星が地球の周りを回るという天動説を唱えた。

ガザーリーが研究し、批判したイブン・スィーナーの哲学を概観してみよう。ここでは形而上学の分野から、ファーラービーが先鞭《せんべん》をつけ、イブン・スィーナーが完成させた流出理論と呼ばれる宇宙創成論を紹介したい。流出理論とは、世界はどのように生まれたのかを説明するものである。古代ギリシアの哲学がイスラーム世界に移入されるさい、新プラトン主義のプロティノス▲の著作がアリストテレスの著作と誤解されてイスラーム世界に伝わったため、イスラーム哲学は新プラトン主義の影響を強く受けることになった。

新プラトン主義は、一者(神)から普遍的知性、普遍的霊魂、世界が流出するという流出理論を特徴とする。新プラトン主義の流出理論とプトレマイオス▲の天文学を折衷し、イスラーム哲学の流出理論は、イブン・スィーナーによって体系化された。イブン・スィーナーの『治癒の書』およびその縮小版である『救済の書』によると、一(神)からは一しか生じないという。つまり、一(神)から直接、多(世界)は生じないのである。そして、第一者(神)から第一知性が生じ、次々と知性が生じ、最後に世界が生じる過程を左頁の図のように説明する。

●イブン・スィーナーによる世界が生じる過程

第一者(神)
↓
第一知性
↓
第二知性 → 最高天球とその霊魂
↓
第三知性 → 恒星天球とその霊魂
↓
第四知性 → 土星天球とその霊魂
↓
第五知性 → 木星天球とその霊魂
↓
第六知性 → 火星天球とその霊魂
↓
第七知性 → 太陽天球とその霊魂
↓
第八知性 → 金星天球とその霊魂
↓
第九知性 → 水星天球とその霊魂
↓
第十知性(能動知性) → 月天球とその霊魂
↓
世界(月下界の形相と質料)

●健康のための治療法を学生たちに教えるイブン・スィーナー
十七世紀のミニアチュール。イスタンブル大学図書館蔵。

イブン・スィーナーの流出理論によると、世界は神が自分の意志によって無から創造したのではなく、神の意志とは無関係に、神から必然的に流出したものである。流出とは時間的な前後関係をあらわすものではなく、神と世界はともに存在していた。そして世界は永遠であり、神がいる限り滅びない。これに対し、コーランに述べられている無からの創造論によれば、神が自分の意志によって、なにも存在しないところから世界をつくりだした。そして終末には天変地異が起きて、世界が滅びるという。このように、流出理論にもとづく世界観は、コーランの記述とは異なっている。

また哲学によると、神の知識は普遍的なものなので、神は普遍については知っているが、個物については知らないという。例えば、人間とはなにかという普遍的な定義については知っていても、誰かが礼拝をさぼったというような人間一人ひとりの行為については知らないのである。しかし神が人間の行為について知らないとなると、神は人間の善行と悪行をすべて知っているというコーランの記述と矛盾するし、また神が全知全能であるという教義に反してしまう。イブン・スィーナーの哲学的な神は、個物は知らず、また人格神でもない。

▼**哲学批判**　ガザーリーの哲学の批判と受容についてはさまざまな議論があり、近年では、ガザーリーは流出理論を受け入れ、哲学のより強い影響があったとする研究もある。

なにものにも比べられない非人格的な神である。しかしこのような神は、かえって個別の人間について何も知らないという無能な神のイメージになる危険性がある。ガザーリーは、哲学者が主張する神概念を否定し、コーランに描かれている全知全能の人格神を擁護しようとしたのである。

ガザーリーはイブン・スィーナーの哲学を研究し、『哲学者の意図』を著したのちに『哲学者の自己矛盾』において哲学批判▲をおこなっている。つまり、哲学を研究せずにコーランやハディースを引用し、不完全な理論で哲学に反論するだけの従来の神学者ではなく、哲学を習得したウラマーとして、哲学の論理的思考方法を取り入れたうえで哲学を批判したのである。そして哲学者の誤りとして二〇の説をあげ、そのなかでもとくに三つの説、つまり(1)世界の永遠性、(2)神は個物を知りえないこと、(3)肉体の復活の否定が、イスラーム教の教義に反する不信仰な説であるとする。

まず、(1)神と世界は表裏一体であり、神とともに世界は永遠であるという哲学者の主張に対し、ガザーリーは、第一知性が神と世界の媒介となる必要はなく、神から直接多が流出しうるとし、世界は神の意志によって無から創造され

▼最後の審判　コーランの記述によれば、終末に天変地異が起こり、死者が復活して最後の審判がおこなわれ、天国と地獄に振り分けられる。哲学によると、コーランの来世に関する記述は、死後の霊魂の状態についての比喩であり、肉体は復活しない。

たのだと反論した。⑵また神の知識は普遍的なので、個物は知らず、普遍しか知らないという哲学の説に対し、神の全知全能性を強調した。⑶さらに一度滅びた肉体は、最後の審判▲の日に復活しないという哲学の説に対し、神は奇蹟を起こすことができるので、肉体の復活は可能であると反論した。神学の原子論によれば、すべては神によって瞬間ごとに創造されており、原子の集合体である肉体の復活は、神にとって造作もないことなのである。

このようにガザーリーは哲学を批判し、哲学（理性）を啓示にかわるものとして受け入れることは拒絶した。そして神は人間のささいな行為の一つひとつをすべて知っているし、世界はいつか滅びて、最後の審判が実施されるというコーランの世界観が論理的に可能であることを証明しようとした。そのさい、哲学的論理学を取り入れた論法によって証明したことにガザーリーの特徴がある。ガザーリーは、形而上学については否定し、哲学は「確実な知識」にいたる道ではないとしたが、哲学のすべてを否定したわけではない。イスラーム教の教義と無関係な論理学などは議論を精緻なものにするとして、おおいに取り入れたのである。

ガザーリー以降、イスラーム神学は哲学の論理学を受容し、哲学に接近していくことになる。しかしながらガザーリーの批判以降、イスラーム哲学は下火になっていき、おもに東方のイランでスーフィズムと結びつき、神秘哲学として発展する。神秘哲学は、世界は神の自己顕現であるという存在一性論▲を唱えたイブン・アラビー（五八頁参照）、世界を神（光源）から発出する光に見立て、照明学を唱えたスフラワルディー▲などに代表される。一方、西方のアンダルスでは、哲学者イブン・ルシュド▲が『自己矛盾の自己矛盾』を著し、純粋なアリストテレス哲学の立場から、イブン・スィーナーとガザーリーを再批判した。しかしイブン・ルシュドの哲学があまりにも難解だったためか、結局、イブン・ルシュド以降、ギリシア哲学を受け継ぐ重要な哲学者はあらわれず、東方では神学やスーフィズムに取り込まれることはあったが、イスラーム世界では、独立した学としては衰退した。

▼存在一性論　未分化の存在である神が分化して、いくつかの段階をへてこの世界が顕現したという説。世界は神の自己顕現ということになる。

▼スフラワルディー（一一五四～九一）　哲学者、スーフィー。照明学の師と尊称される。「光の形而上学」と呼ばれる流出理論的世界観を構築し、万物は「光の中の光」と呼ばれる一者から発出すると説いた。

▼イブン・ルシュド（一一二六～九八）　アンダルスの哲学者、法学者、医学者。西欧ではアヴェロエスの名で知られる。新プラトン主義的側面である流出理論を排除して、アリストテレス哲学に近づこうとした。しかし、彼の哲学はイスラーム世界においては後継者をもたなかった。

③—スーフィズムの探究

ガザーリーの回心と放浪の旅

すでに述べたように、ガザーリーはニザーミーヤ学院の教授に抜擢され、学問世界の最高権威となった。セルジューク朝体制派のウラマーとして、シーア派や哲学の批判をおこない、おおいに活躍していたが、ある日突然、三七歳のときに学院を辞職し、地位も家族も捨てて放浪の旅にでてしまったのである。自伝によると、当時のガザーリーは、一点の疑念も残らないほどの「確実な知識」つまり信仰の確信を求めて、神学・哲学・シーア派を検討していったが、いずれも満足できなかったという。

そこでガザーリーは、マッキー、ムハースイビー、ジュナイド、シブリー、バスターミーなどの先達のスーフィーたちの著書を読み、スーフィズムを知識として学んだ。次の段階として、彼らの奥義は学習によってではなく、直接的な体験、性格の改変によってしか到達できないので、スーフィズムの修行を実践しなければならないと考えた。そしてスーフィズムこそが「確実な知識」をもた

▼**マッキー**（？〜九九六）　ガザーリーに大きな影響を与えたスーフィー。主著は『心の糧』。

▼**ムハースィビー**（七八一〜八五七）　イスラーム初期の宗教思想家。ムゥタズィラ学派神学への造詣が深く、スーフィズムに高度な神学的用語を導入した。

▼**ジュナイド**（？〜九一〇）　著名な初期のスーフィー。ムハースィビーらにスーフィズムを学んだ。社会的規範に反しない「醒めた」スーフィーの代表格。

▼**シブリー**（八六一／二〜九四六）　バグダードで発展した古典期スーフィズムを代表するスーフィー。ジュナイドの弟子。奇行で知られ、酔言が残されている。

▼**バスターミー**（？〜八七四または八七七）　著名な初期のスーフィー。神秘的合一体験を強調して社会的規範遵守に意を用いない「酔った」スーフィーの代表格。神秘体験のさいに口走った「我に称えあれ」といった酔言が数多く残されている。

らす道であることを確信して、スーフィズムに回心し、何度も躊躇《ちゅうちょ》したものの、「旅へ！　旅へ！」という内なる声に促され、放浪の旅にでたという。しかしニザーミーヤ学院を辞し、地位も名誉も捨てて、一介のスーフィーとして旅にでることには大変な勇気が必要であった。自伝では、回心から放浪の旅にでるまでのガザーリーのようすが以下のように述べられている。

> ある日、バグダードを去ってこのような環境から逃れよう、と決意したかと思うと、つぎの日には、その決意を放棄するというように、片方の足を一歩前に出せば、片方の足を一歩後に引くというありさまであった。……そして一方では、現世の欲望の鎖が現在の境遇のままでいるように引き止め、他方では、信仰の声が、「旅へ！　旅へ！　残された人生はわずかであるのに、お前のこれからの旅路は長い。お前の知識も行動もみな偽りであり、まやかしだ。来世のためにいま準備をしないで、いったいいつ準備をするのか。いましがらみを断ち切らずに、いつ断ち切るのか」と私に呼びかけた。……しかしすぐにサタンが戻ってきて言う。「そんな考えは一時的なものだ。それに耳を貸してはならない。……もしお前が信仰の声に

ガザーリーの生涯を描いたDVD

ダマスカスのウマイヤ・モスク
ガザーリーがシリア滞在中にこもっていたという。

従って、名声を捨て、現在の境遇を離れ、安全な権力の座を去るなら、あとで再びそのような地位に戻ろうとしても、それはけっして容易なことではないだろう。」私は(ヒジュラ暦)四八八年ラジャブ月(一〇九五年七月)から約六カ月間、現世の欲望の誘惑と来世への衝動の間で逡巡していた。そしてその月に、事態はどうしようもない段階に入っていた。というのは、神は私の口を閉ざしてしまい、私が教えることができないようにし給うたからである。……このような言語障害に私の心は悲しみ、食欲を失い、スープやパンを消化することもできなくなり、医者たちも治療をあきらめた。……私は自分の無力さに気づき、選択意志が完全に脱落すると、あらゆる術をなくした困窮者がするように、神に助けを求めた。すると神は私に応え給い、私の心が名声、財産、子供や友人たちから逃れるのを容易にし給うた(中村廣治郎訳『誤りから救うもの』六七〜六九頁)。

現世への執着と来世への志向の間で葛藤した末、ガザーリーは食欲を失い衰弱し、また言語機能を失い、講義もできない状態になった。ガザーリーは「第二の危機」に陥ったのである。だがその結果、地位や財産から離れることが容

▼ミナレット　モスクに付随する塔。そのうえから信徒への礼拝の呼びかけ(アザーン)がおこなわれる。

イェルサレムの岩のドーム

易になり、ガザーリーは家族が困らないように準備を整え、事後を弟アフマドに託した。カリフや友人には一介のスーフィーになるという本心を気づかれないように用心しながら、シリアに出発する準備を整えた。そして一〇九五年十一月、メッカ巡礼を口実にバグダードを離れ、シリアに向かったのである。その後、ダマスカスのウマイヤ・モスクのミナレット▲に登って戸を閉め、禁欲と修行のために終日一人きりになっていたという。さらにイェルサレムに行き、岩のモスク(岩のドーム)に入り、一人きりになっていた。こうして二年間、シリア・パレスティナ各地を放浪し、その間の一〇九六年十一月から十二月にかけてメッカ巡礼をおこなった。

　その後、「気がかりなことが生じたので、郷里に帰るように」との子どもたちの招きに応じて、一〇九九年、イランのトゥースに帰郷した。そしてトゥースにスーフィーの修行場をつくり、一一〇六年まで若者たちとともにスーフィーとしての生活を送った。なお一介のスーフィーとしての放浪とはいえ、ガザーリーは世間から完全に隔絶していたわけではなく、書簡が残されていることから分かるように、政治家などとの接触はもっていた。またスーフィズムの修

ガザーリーの墓とされる遺構

行や瞑想だけに専念していたわけではなく、『宗教諸学の再興』など多くの著作も執筆していたのである。

その後、セルジューク朝の宰相ファフル・アルムルク（ニザーム・アルムルクの息子）の強い要請によって、一一〇六年、四八歳のときにふたたびニーシャープールのニザーミーヤ学院で教鞭をとった。一一〇九年にはその頃の講義内容をまとめたと思われる『法源学の精髄』を執筆し、その少し前には自伝『誤りから救うもの』を執筆している。やがて一一一〇年、公職から退きトゥースにもどり、翌一一一一年十二月十八日にその地でなくなり埋葬された。近年、トゥース旧市街の城壁付近で、ガザーリーの墓とされる遺構が発掘された。

ガザーリーの回心と放浪の旅について、多くの研究者は『誤りから救うもの』の記述を受け入れ、ガザーリーがスーフィズムに回心したのは事実とみている。一方、同書の記述は事実を歪曲しているとする立場も若干ある。例えば、ガザーリーはシーア派のニザール派の暗殺を恐れて、バグダードから姿を消したという見解がある。ニザール派はスンナ派のセルジューク朝やキリスト教徒の十字軍に戦いをいどんだが、そのさいに暗殺という手段を用いた。実際、一〇九二年、ニザーム・アルムルクもニザール派に暗殺されてしまった。セルジューク朝体制側のガザーリーにとって、ニザール派が脅威だった可能性はある。またガザーリーは、マリク・シャーの死後、後継者争いに巻き込まれ、スルターンになったバルキヤールクとの仲が不和だったという。しかもガザーリーはイスマーイール派に妥協しなかったが、スルターンは融和的だったこともあり、スルターンとうまくいかず、スルターンの死後、ニザーミーヤ学院にもどったという見解もある。

このように、ただ生き残るためにバグダードから逃げたのであり、回心体験はガザーリーがあとからつくりあげた美談にすぎないという見解をとる研究者も一部存在するが、多数派の研究者は、回心体験はあったという見解をとる。筆者は、暗殺の恐怖やスルターンとの不和も引退の一因だったかもしれないが、それだけではガザーリーの後半生の思想を説明するのは説得力に欠け、やはり引退するには深い内面的な変化があったと考える。そして『誤りから救うもの』の記述を大枠として認め、多少の脚色はあったとしても、回心体験は実際にあったという立場をとりたい。

ガザーリーは、スーフィズムこそがもっとも信頼できる神への近接の道だと悟り、放浪の旅や修行道場での生活のなかで、スーフィズムの修行や実践を踏まえ、スーフィズムを取り入れた著作を残した。回心後の著作には『宗教諸学の再興』『神名注釈における高貴な目的』『光の壁龕《へきがん》』などがある。回心後のガザーリーは、法学をスーフィズムの視点から捉えなおし、日常生活をいかにスーフィーとして生きるか、来世で神に会うためにどのような準備をすべきか、という議論を展開しており、スンナ派の諸学問のなかにスーフィズムを位置づけたのである。

なおガザーリーの生涯は、回心前よりも回心後のほうが評価されがちである。しかし、ニザーミーヤ学院教授時代のさまざまな学問を検討していた時代の功績も、高く評価されるべきだろう。回心前の著作としては『哲学者の意図』『哲学者の自己矛盾』『中庸の神学』などがある。これらの著作には、神学者・哲学批判者としてのガザーリーの側面があらわれている。ガザーリーは、哲学を批判的に取り入れながら神学を深め、ガザーリー以降のスンナ派イスラーム諸学の方向性を決定づけたのである。

●――ガザーリーの移動経路

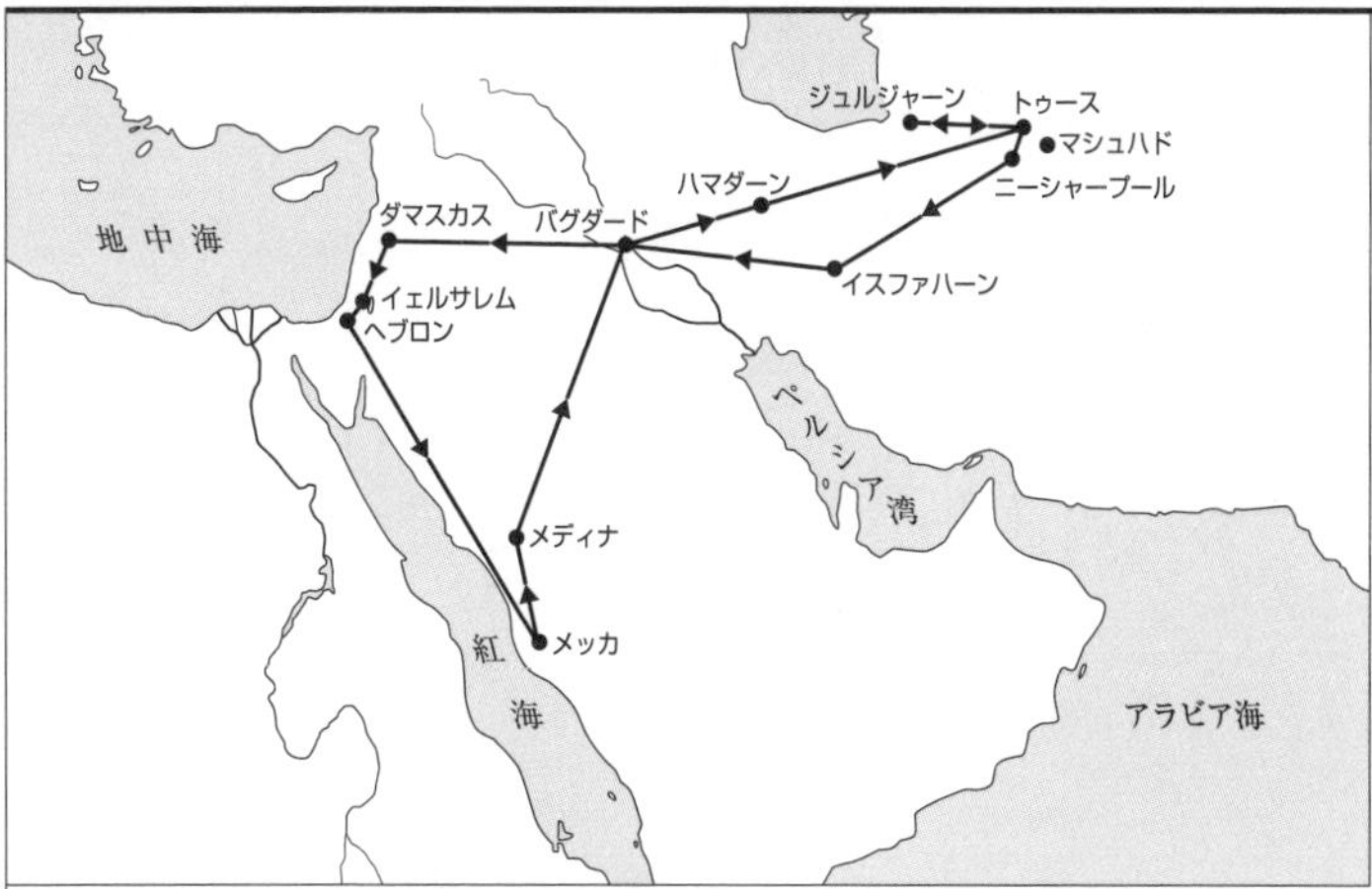

(出典：中村廣治郎訳『誤りから救うもの』より)

●――トゥースにあるガザーリーの墓とされる遺構

発掘のために屋根が付設された現場。

スーフィズムにおける神への愛

ここでは、スーフィズムの歴史と特徴について概括する。スーフィズムとは、内面を浄化することによって神に到達する道のことであり、日常生活を規定するイスラーム法を外面的に遵守するだけではえられなかった、内面的な心の平安を獲得しようとする試みである。預言者ムハンマド死後の大征服時代に、ムスリムは富裕化して来世のことよりも現世的な幸福を求める傾向が強まった。そのような傾向を批判する質素な反権威的な禁欲主義者があらわれ、現世に背を向け、神や最後の審判を恐れて苦行に励んだのである。

例えばイラクのハサン・アルバスリー▲は、いつも暗い顔をして悲しみに包まれていたという。ホラーサーン地方のイブラーヒーム・イブン・アドハム▲は、バルフの富豪の家に生まれたが、その地位を捨てた禁欲主義者で、仏陀の出家を彷彿とさせる逸話が残っている。イラクのフダイル・イブン・イヤード▲も笑ったことのない人で、彼が死ぬと世の中から悲しみが消えたという。このような禁欲主義者たちの一部の流れを汲むかたちで、次代になるとスーフィズムが成立することになる。

▼**ハサン・アルバスリー**（六四二?〜七二八）　ウマイヤ朝時代の高名な禁欲主義者。バスラで敬虔な禁欲生活を送った。のちのスーフィーたちは、彼を初期スーフィズムの礎石を築いたとみなしている。

▼**イブラーヒーム・イブン・アドハム**（七二八／九〜七七七）　イスラーム初期の禁欲家。富豪の家に生まれたが、神への帰依に目覚め、私財を捨て、放浪の身となったという。その数奇な生涯は、後世にさまざまな逸話を生み出した。

▼**フダイル・イブン・イヤード**（八〇三年没）

▼**ラービア・アルアダウィーヤ**(?〜八〇一または七九六/七)　イスラーム初期の神秘家。バスラに生まれた。徹底した禁欲生活に入り、ひたすら神への愛を説いたという。

さて、禁欲主義が興隆したのと同じ頃、イスラーム思想に神への愛という要素が生まれてきたという。はじめて神への愛を強調したのは、イラクの聖女、ラービア▲だったとされている。ラービアは、たいまつで楽園を焼き、桶の水で地獄の炎を消したいと述べたという。そうすれば、楽園への希望や地獄への恐怖によって神を崇拝するのではなく、神への愛によって神を崇拝するようになるからである。つまりラービアは、楽園に行きたいので神を崇拝しているのではなく、神だけを求めているのであり、神を愛の対象、恋人として見ているのである。

禁欲主義を母体として、九世紀半ば以降、神を愛し、神を想うことが大切だというラービアの流れを受け継いで、神への愛による神との合一を最終目的とするスーフィズムが成立した。そしてしだいに神秘修行論(六五頁参照)などのスーフィズムの古典理論が形成されていった。スーフィーの修行は、神と人間霊魂との合一を達成するための手段である。修行によって霊魂を浄化することにより自己意識が消えて、霊魂の一番深い部分で神のなかに包摂される神との合一状態のことをファナー(自己消滅)という。

アフマド・ガザーリーと出会うスーフィー、アイヌル・クダート・アルハマダーニー

神の愛の概念を論じたことで知られているスーフィーは、ガザーリーの弟のアフマド・ガザーリーである。アフマドもシャーフィイー学派法学を学び、ガザーリーの後任としてニザーミーヤ学院教授を務めた。アフマドは、神の本質は愛であり、神の愛がこの世界に顕現しているとした。そして神との合一とは、愛する者が自分の起源である愛そのものである神に帰り、一つになることだと述べている。神に帰一する過程には危険や困難がともなう。アフマドは、スーフィーが神との合一をめざす過程を、鳥たちがさまざまな困難を乗り越えて鳥の王（スィームルグ）を探す旅に例えた。その旅は、愛する者と愛される者という二元性の残っているレベルでは完結せず、愛する者が愛される者のなかに完全に消融した時に完結する。またアフマドは、鳥の旅のほかにも、さまざまな比喩を用いて神との合一について詩を書き、後世の神秘主義詩人に大きな影響を与えた。

　また神と人間の関係を恋愛関係に例える官能的な神秘主義の表現形態は、イブン・アラビー▲とその後継者たちにおいて発展した。イブン・アラビーは、女性の中にもっとも完全に神が顕現しているとして、女性を神に、男性を人間に

▼**イブン・アラビー**（一一六五〜一二四〇）　アンダルス出身の著名な神秘哲学者。存在一性論を創唱し、後代に大きな思想的影響をおよぼした。ダマスカスで没し、彼の思想はイランやインドに広まった。

例え、男女の性的結合を神と人間の合一になぞらえている。

さて、男女間の恋愛の比喩を用いて神と人間の一体性を説いたイブン・アラビーに対して、ガザーリーは人間の神への愛について述べてはいるが、むしろ神と人間との隔絶性を説いた。神への愛はスーフィズムのなかで二つの系列に分かれていったといえよう。ガザーリーは、『宗教諸学の再興』所収の「愛の書」において、神の人間への愛および人間の神への愛について論じている。ガザーリーによれば、人間の愛に値するものは神のみである。そして、人間が神を愛する理由として以下の点をあげている。
(1)人間は自己を愛する。神によって自己が存続し、存在しているのだから、知者は神を愛する。(2)人間は、自分に対してよいことをしてくれる人を愛する。人間を益する者は神のみであるから、知者は神を愛する。(3)人間は、直接恩恵を受けなくても、慈悲深い人を愛する。神はすべての被造物に対して親切であるから、知者は神を愛する。(4)人間は、外面的なものであれ、内面的なものであれ、美しいものすべてを愛する。神の知識や力といった属性(性質)の美しさゆえに、知者は神を愛する。(5)神的属性を模倣し、神に近づこうとする者は、

ダマスカスのイブン・アラビー廟

イランの細密画に描かれた恋人
十七世紀のミニアチュール。アメリカ、セントルイス芸術美術館蔵。

神を愛する。神は愛の原因となるものをすべてもっており、その特徴の完全性において並ぶ者はなく、人間の愛は神に向けられることこそがふさわしいのである。

このようにガザーリーは、神を人間の愛の対象とし、スーフィズムの根幹を成す神への愛を認めているが、恋人のような恋愛関係を比喩として用いていない。ガザーリーは、神と人間との間に類似性はまったくないとし、両者の隔絶性について強調している。神はイブン・アラビーの思想における身近な恋人というよりも、はるか遠くの手の届かない恋愛対象であるといえよう。ガザーリーは、人間霊魂は、現象界から不可視界をこえて神まで上昇していかなければならないと繰り返している。ガザーリーにおいては、神秘修行によって神を愛し、神に近づこうとする努力に重点がおかれており、神秘体験の文学的表現にあまり関心がなかったといえよう。

スーフィーとウラマーとの和解

ガザーリー以前のスーフィーのなかには、反体制的な態度をとり、イスラーム法を軽視して公然と飲酒、同性愛に走る者もいた。スーフィーにとってイスラーム法を守ることは本質的には重要なものではなく、神との合一体験のほうが大事だったからである。イスラーム法を軽視するスーフィーは、体制的ウラマーにとって危険な存在であり、一般の人からも変わり者、怪しい存在と思われていた。また神との合一体験において神から直接与えられる知識（マァリファ）のほうが、コーランとハディースをとおして神から間接的に与えられるウラマーの知識（イルム）よりも上位にあるとするスーフィーもいた。そのため初期のスーフィズムの段階では、ウラマーとスーフィーの対立や緊張関係があった。

その対立を象徴する存在が、神と人間の融合を認め、受肉論を説いたとして異端とされたスーフィー、ハッラージュ▲である。ハッラージュは、神との合一状態の時に、「我は真理（神）なり（アナー・アルハック）」という酔語を発したことで有名であるが、その言葉が神への冒瀆《ぼうとく》であるとされた。庶民階層に彼の思想が波及することを恐れたカリフ側は、彼に不信仰者宣告を発し、残酷な拷問ののち処刑され、遺体は焼却されて、遺灰はティグリス川に流された。

▼**ハッラージュ**（八五七〜九二二）
神秘家。ジュナイドに師事。酔言において大胆に神の本質と人間との融合を語り、受肉論者として断罪された。

処刑されるハッラージュ

ハッラージュのような、一部のスーフィーによる奇矯な振る舞いはウラマーの批判を招いた。イスラーム法を守ることにより、形や外面だけよければ心の信仰には基本的には立ち入らない法学の立場と、心さえ満たされればイスラーム法で定められた規則を多少破ってもよいというスーフィズムの立場の対立があったのである。ハッラージュのような振る舞いをするスーフィーは、当然のことながら、法学者との軋轢《あつれき》を生んだ。

ハッラージュの処刑後、ウラマーとスーフィーの橋わたしをして、両者の関係を融和しようとしたスーフィー理論家の一人が、ガザーリーである。当時、ウラマーでありかつスーフィーという人物は少なかった。ガザーリーは、神との合一という直接的な体験によって信仰の確信がえられるとしながらも、神との合一だけを求めるのではなく、ムスリムとしてイスラーム法をきちんと守って生活しなければならないとした。たしかにガザーリーはスーフィズムを取り入れたとはいえ、奇矯な振る舞いについてはまねしていない。ガザーリーは、心を重視しかたちを守らなくてもかまわないという立場と、かたちだけ守れば心はどうでもよいという立場、どちらの極端な立場もやめて、両者の間に中庸の道を確立したといえよう。

ガザーリーの代表作『宗教諸学の再興』の構成をみると、法学とスーフィズムのバランスがよくとれていることが分かる。同書の第一部では、礼拝、断食、巡礼などのムスリムの義務である五行、第二部では、食事、結婚生活、生計の立て方などの日常生活があつかわれている。第三部では、心の悪しき側面をいかに克服していくかが論じられ、第四部では、心を浄化し、神に近づいていく方法について述べられている。このように『宗教諸学の再興』では、イスラーム法にもとづく日常生活を送りながら、神秘修行によって心を浄化することが説かれている。修行によって神との合一を達成した者が日常生活にもどってくると、世界が今までの見え方とは違い、すべてが神に由来しているように見えるようになってくる。こうしてスーフィズムによって、イスラーム法にもとづく日常生活が再活性化するのである。

ウラマーたちとの対立が解消されていなかった時代は、スーフィズム思想を一般大衆に口外することは極めて危険であったため、初期のスーフィー集団はひそかに集まり、修行をおこなっていた。しかし、クシャイリー▲やガザーリー

▼**クシャイリー**（九八六〜一〇七二）　セルジューク朝下のシャーフィイー学派法学、アシュアリー学派神学のウラマー、スーフィー。スーフィズムがイスラーム法に反しないという立場でスーフィズムの確立に努めた一人。

などのスーフィー理論家の努力によって、ウラマーとスーフィーが和解した結果、スーフィー集団は公《おおやけ》に修行をおこなったり、集まったりすることができるようになった。とくにガザーリーのような最高のウラマーがスーフィズムに転向した影響は大きかったであろう。

そして十二世紀以降、しだいにスーフィー集団はスーフィー教団（タリーカ▲）として発展していった。カーディリー教団▲・メヴレヴィー教団▲・リファーイー教団▲などが有名である。十三世紀にはほとんどのウラマーがスーフィズムを容認するようになり、多くのムスリムがいずれかのスーフィー教団に所属するようになった。以上のように、ガザーリーがスーフィズムを認め、スンナ派に取り込むことにより、スーフィズムは民衆のなかに浸透していき、市民権をえることができたのである。

ガザーリーの神秘修行論

スーフィズムが民衆に広まるためには、誰もがおこなうことのできる修行方法が確立されなければならない。ガザーリーは大きく分けて二つの修行を提案

▼タリーカ　原意は道。元来は神との合一をめざすスーフィーの修行の道を意味したが、スーフィー教団の意味に転じた。発祥地は十二世紀のイラクであるが、その後中央アジア、北アフリカ・インド・東南アジアなどに広がり、民衆をスーフィズムに取り込んでいった。

▼カーディリー教団　ハンバル学派の法学者であるアブドゥルカーディル・アルジーラーニー（一〇七七／八〜一一六六年）を祖とするスーフィー教団。帝国主義時代のアルジェリアでは、フランスの植民地支配に対する抵抗運動の中心となった。

▼メヴレヴィー教団　詩人ジャラールッディーン・ルーミー（一二〇七〜七三年）を祖とするスーフィー教団。旋舞教団として名高い。オスマン帝国の庇護を受けたが、トルコ共和国成立後、修行場は閉鎖された。しかし今なお根強い支持者をもっている。

▼リファーイー教団　イラクのリファーイー（一一〇六〜一一八二年）を祖とするスーフィー教団。十三世紀

には急速にイスラーム世界各地へ広まった。砕いたガラスをのんだり身体に串を刺したりする苦行、火渡り、蛇のみなどさまざまな奇行によって知られている。

ズィクルの詠唱　声にだしてズィクルを唱えるカーディリー教団もしくはヤサヴィー教団のスーフィーたち。

している。一つは、日常生活のさまざまな機会に、神を思い起こすための文言を唱え、常に神のことを考えるようにする修行である。もう一つは、神との合一をめざして、魂を神に集中させる修行である。一般的には、後者がスーフィズムの修行と考えられているが、日ごろからスーフィーとして生活していなければ、神との合一は達成できないのである。

　まず日ごろ自宅などでおこなう修行として、ガザーリーは日々の修行日課（ウィルド）を提案している。これはガザーリーが独自に考えたものではなく、すでにマッキーが述べていることを整理したものである。その修行日課によれば、たとえば、朝起きる時、着替える時、食事を摂る時、出かける時、日没になった時、寝る前などに、神を称賛する文言やコーランの特定の箇所を唱える。働いている時も、神への思念を忘れてはいけない。こうして、なにかの行為をおこなうたびに、常に神を想起することができるようになる。

　このように毎日、神を称賛しながら生活するための修行日課をこなす一方、集中して神との合一をめざす修行もおこなう必要がある。人間霊魂と神との合一をめざす神秘修行の方法は、初期のスーフィーたちの試行錯誤によって形成され、ズィクル（称名・唱名）と呼ばれる修行が広まっていった。

ズィクルとは、一切の雑念を振り払って心を神に集中し、ひたすら短い祈禱句を唱える修行である。ズィクルは、アラビア語で「想起すること」を意味し、「アッラー、アッラー（神よ、神よ）」といった一定の聖句や、「ラー・イラーハ・イッラー・アッラー（唯一なる神のほかに、神はない）」という文言などを、繰り返し心のなかで想起したり、口で唱えることである。一人で部屋にこもっておこなわれる場合もあるが、修行場で、集団でおこなわれることが多い。修行者は心を神に集中し、一切の雑念を振り払ってひたすらズィクルをおこないファナーにいたる。ガザーリーは、『宗教諸学の再興』所収の「心の不思議の書」において、ズィクルによってファナーにいたる過程を説明している。

道場にこもり、（一日五回の礼拝などの）定め以外の勤行にはげみ、心を空しくし、注意力を集中して坐し、コーランを読誦したり、その意味を考えたり、ハディースを読んだり、その他の行為によって、その瞑想を乱さないようにする。神以外のなにものも心の中に入り込まないように心掛ける。次に孤独の中で坐しながら、「神よ、神よ」と口に出して繰り返し、繰り

●—**カーディリー教団のズィクル**　円形をなしておこなう。

●—**預言者聖誕祭でおこなわれる、サンマーニー教団のズィクル**　生誕祭会場に設けられた教団ブースにて縦列をなしておこなう。上下とも、スーダン共和国、オムドゥルマンにて。

踊るスーフィーのミニアチュール

返し唱え続け、そして舌を動かそうとする自己の努力が消え、あたかも言葉だけが舌の上を流れるような状態に至るまで心を集中し続ける。次に運動の痕跡が舌から完全に消えているのに、心はズィクルを続けている状態になるまで、この行を続ける。……スーフィーはこの地点まで自分の意志と選択で到達し、悪魔のささやきの誘惑を退け、この状態を維持することができる。しかし彼は神の慈悲を自分の意志と選択で引き出すことはできない。なすべきことをなした後は、ただ神の慈悲の息吹を坐して待つだけである。……そしてもしスーフィーの期待が真実なるものであり、彼の願いが純粋であり、修行が健全であり、自己の欲望が心を乱し雑念が彼を現世の絆に引き戻すことがなければ、真実在(神)の光が心の中に照り輝く。この光は、最初は雷光のようにすぐ消える。するとまた返ってくる。時にはそれが遅れる。またそれが返ってきても、時には長く続くこともあるが、時には瞬時に終わる。(中村廣治郎『ガザーリーの祈禱論』八三〜八四頁)

ズィクルは、一般的には人間の声による修行であるが、ズィクルが歌と音楽をともなう場合の修行は、サマーと呼ばれる。サマーは歌や音楽のみならず、

カイロ、ムハンマド・アリー・モスクでのタンヌーラとよばれる旋回舞踊

身体的動作をともなうこともあり、くるくると回転し続ける旋回舞踊をおこなうメヴレヴィー教団が有名である。サマーとは、アラビア語で「聴くこと」を意味し、元来は「音楽」を指すが、歌舞音曲をともなうスーフィズムの修行という意味として使われることも多い。サマーは修行場にて集団でおこなわれ、参加者全員が歌ったり舞踊をおこなう場合と、演奏をする者と聴く者が分かれている場合がある。

短い句を唱えるだけでなく、音楽・歌・舞踊をともなうズィクルによって忘我状態をめざすサマーは、スーフィーが恍惚状態にいたるために有効な手段として、スーフィズムの歴史の早い時期から広くおこなわれてきた。しかし修行者の堕落を招くものとして、その是非はしばしば問題となっており、多くのスーフィー理論家によって、サマーについて賛否両論が論じられてきた。ガザーリーは『宗教諸学の再興』所収の「サマーとファナーの書」において、条件付きで賛成している。初心者にとってサマーは有害だが、修行が進んだ段階の者にとっては、忘我状態にいたるために有効だとしているのである。

ガザーリーの議論を考察すると、サマーという用語で意味しているのはあく

メヴレヴィー教団の旋回舞踊の様子

までも耳で聴く歌や音楽であり、旋回舞踊などの身体的動作については論じていないようである。しかし、ガザーリーと同時代のミニアチュール（細密画）にはスーフィーの舞踊を描いたものもあり、舞踊をともなうサマーは初期から存在していたと考えられる。サマーは、スーフィーに広く認められたわけではなかったが、ガザーリーが『宗教諸学の再興』において擁護したのちは、サマーが許容される状況が生まれた。そして歌や音楽のみならず、舞踊をともなうスーフィズムのサマーが発展することができたのである。

　ズィクルやサマーの形式は、特殊な身体的動作の繰り返しを基本として、それぞれのスーフィー教団で試行錯誤をへて考えられていくことになる。修行をおこなうときの衣装、声のだし方、力を入れる身体の場所、手足の動きや角度など、細かい部分が整えられ、洗練され、修行方法が確立された。一日五回の礼拝、ラマダーン月におこなう断食、そのほかイスラーム法で定められた行為規定をこなしながら日常生活を送ることにより、神を身近に感じながら生きることはもちろん可能である。しかしさらにスーフィズムの修行という特殊な身体的動作を加えることにより、神への信仰が確かなものになっていくと考えら

珍しい女性のセマーゼン　メヴレヴィー教団の修行である旋回舞踊(トルコ語でセマー)をおこなう人をセマーゼンと呼ぶ。トルコ共和国、イスタンブルにて。

れる。

　このようにガザーリーは、ウィルドと呼ばれる日々の修行日課、ズィクルやサマーによる神との合一にいたる集中的な修行といったスーフィズムの修行方法を整え、修行を一般民衆にも実践可能なものとした。そしてガザーリー以降、一般民衆にスーフィズムが浸透していったのである。ガザーリーは、人間の神への愛というスーフィズムの根幹となる考えを受け入れ、ウラマーとスーフィーの対立を和解させ、修行方法を分かりやすく説明することにより、スーフィズムを多数の人々に受け入れられるように導いた。こうしてスーフィズムはイスラーム諸学の一部となり、ガザーリーによってスーフィズムを取り込んだスンナ派思想が確立したのである。

④—ガザーリーと現代

女性隔離と服装規定

以上のようにガザーリーは、シーア派を論駁し、哲学を批判的に受容し、神学と法学を発展させ、スーフィズムを取り入れることによってスンナ派思想の枠組みを完成させた。これは、ガザーリー以外には誰にも成しえなかった偉業である。本書では、ガザーリーのイスラーム思想史における役割について論じてきたが、ガザーリー思想の現代的意義や面白さについては、まだ十分論じることができていない。そこで本章では、現代の私たちに身近なテーマとして女性に関する問題を取り上げて、現代から見たガザーリーについて考えたい。

イスラーム世界では、時代や地域によって程度の差はあるが、一夫多妻、女性隔離、女性に対するヴェール着用の強制などが行われており、それをイスラーム教に固有の文化と見る立場もあるし、近代的な価値観にもとづけば、女性差別と見る立場もある。『宗教諸学の再興』所収の「婚姻作法の書」▲を分析し、女性問題についてガザーリーはどのように論じているのかを考察しよう。そし

▼**「婚姻作法の書」**　『宗教諸学の再興』第二部第二の書。さまざまな言語への翻訳があり、また研究者に引用されることの多い重要な書。この書のなかでガザーリーは、隠遁生活を送り禁欲を勧めるスーフィーたちとは一線を画し、一般的な婚姻生活を送りながら、つねに神を思念することが可能になるとしている。結婚によってスーフィーとしての理想的な生活を送ることができるというガザーリーの議論は、スーフィズムの民衆化に役立ったはずである。

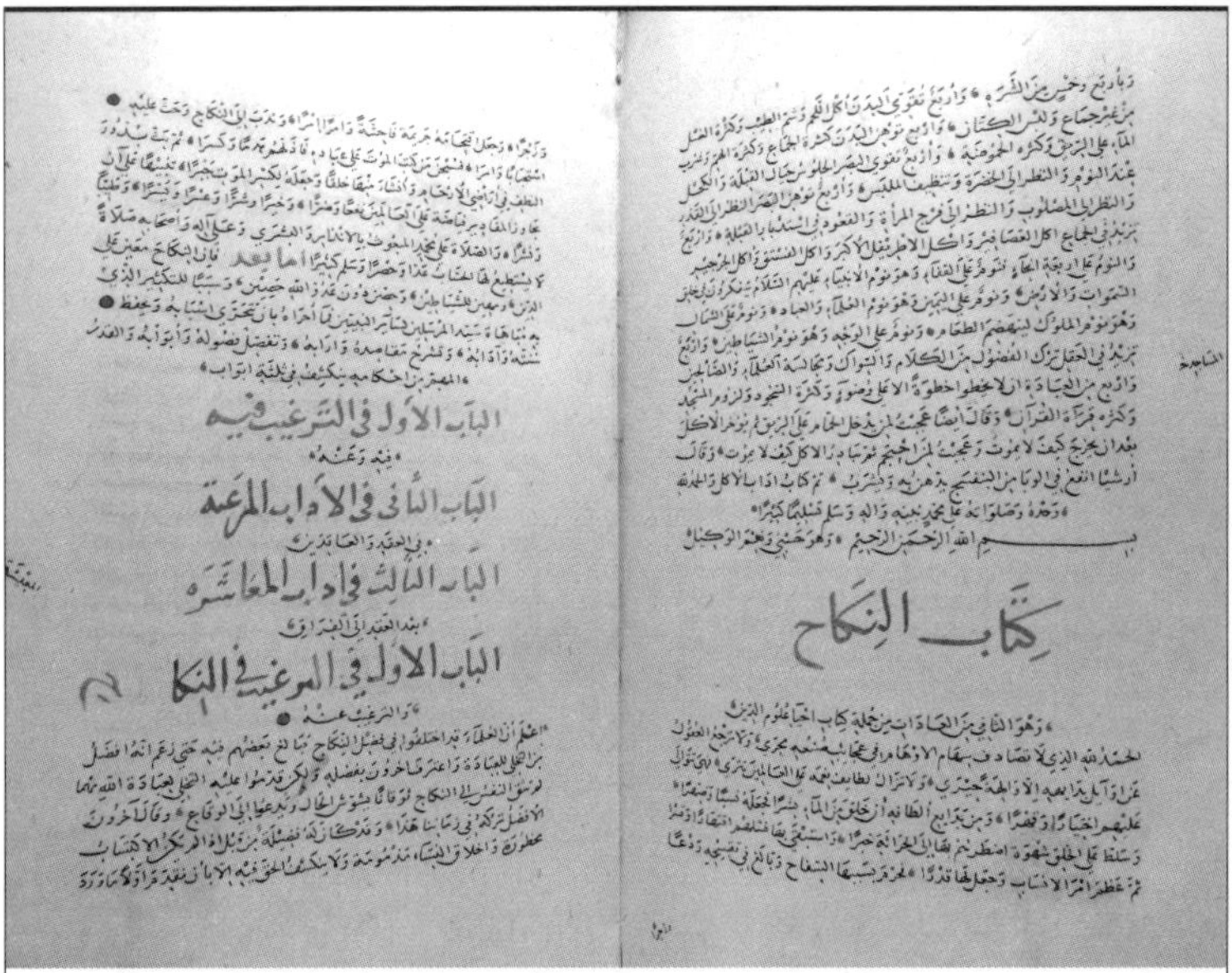

كتاب النكاح

الباب الأول في الترغيب فيه

الباب الثاني في الآداب المرعية

الباب الثالث في آداب المعاشرة

الباب الأول في الترغيب في النكاح

●──「婚姻作法の書」の冒頭

●──**婚姻契約の様子**　左から公認立会人、陰になっている花嫁の母親、見守る父親、署名する花嫁。花婿は先に署名している。

て、現代においてもガザーリーは重要な役割をはたしていることを明らかにしたい。

「婚姻作法の書」では、婚姻生活の中で生じる諸問題が取り上げられているが、女性隔離やヴェールなどの服装規定の問題も論じられている。ヴェール着用と隔離はどちらもヒジャーブといわれる。ヒジャーブという用語はヴェールの着用を意味することもあれば、カーテンを引くこと、すなわち隔離や分離を意味することもある。ガザーリーによると、女性を家のなかに隔離するのは、夫の嫉妬を防ぐためであり、女性は夫の許可なしに外出することはできない。

嫉妬をなくす方法は、夫以外の男性が妻のところに来ないこと、妻が市場に行かないこと、そして妻を男性と一緒にしないことである。神の使徒（預言者ムハンマド）は、娘のファーティマ▲に言った。「女性にとってよいこととは何ですか？」ファーティマは「女性が男性を見ないこと、男性が女性を見ないことです」と言った。彼は彼女を抱きしめ、彼女の答えを正しいとした。神の使徒の教友▲は、妻が男性を見ることができないように壁の覗き窓や穴をふさいだ（拙著『現代に生きるイスラームの婚姻論』所収の「婚

▼ファーティマ（?〜六三三）　預言者ムハンマドの四女であり、シーア派初代イマームのアリーの妻。ハサンとフサインという二人の男児をもうけ、ムハンマドの血統を伝えた。

▼教友　ムハンマドと直接に接したことのあるムスリム。

姻作法の書」翻訳、一〇三頁)。

ガザーリーは、「夫の許可があれば、敬虔な女性は外出を許されるが、(家に)いるほうがより安全である。重要な用事以外では、外出してはならない。というのは、重要ではない用事のために外出することは、彼女の名誉をそこない、破滅へと導くからである」と述べている。女性は家にいるほうが望ましいが、重要な用事がある時には夫の許可を得て、外出が許される。そのさいは、次の引用にあるようにヴェールを着用しなければならない。女性の顔は男性を誘惑するものであり、かくすべきものだからである。ヴェールをかぶることにより、男性の視線を避け、女性の名誉を守るのである。

もし外出するときは、視線を男性から避けなければならない。我々は、男性に対する女性の顔のように、男性の顔が、彼女にとって隠すべき恥部だと言っているのではない。女性の顔は、男性にとって、ひげの生えていない少年の顔のようなものである。誘惑の恐れがあるときのみ、(顔を)見ることが禁止される。もし誘惑がないのなら、(見ることは)禁止されない。男性はいつでも顔をさらしているが、女性はヴェールをかぶって外出する

ムスリム女性のための雑誌の表紙
ヒジャーブとよばれるヴェールのファッションを扱っている。

預言者ムハンマドの娘と妻　ムハンマドのとなりから左に、娘のファーティマ、妻のアーイシャ、ウンム・サラマ。

（同上書、一〇三〜一〇四頁）。

このようにガザーリーは、女性が男性の視線にさらされることは夫の嫉妬を引き起こすだけでなく、男性を誘惑する恐れがあるとして、女性のヴェール着用と隔離を説いている。

しかし「もしおまえたちが預言者の妻にものを頼むときには、カーテン（ヒジャーブ）の裏から求めよ（コーラン三三章五三節）」では、ヒジャーブという言葉は、預言者ムハンマドの妻たちの隔離を指すものとして使われており、ムスリム女性一般が対象になっているわけではない。ヒジャーブは、もともとは預言者の家族に高い地位を与えるという非常に特殊な文脈のなかで言及されたものであり、この制度は預言者の家族の名誉とプライバシーの保護を目的に、ウマル（のちの第二代正統カリフ）の忠告にもとづいてムハンマドの没する五、六年前に導入されたという。

現代のフェミニズムの思想家たちの研究によれば、ムハンマドの頃のイスラーム社会は、のちのアッバース朝社会と比べると、女性たちが積極的に社会参加していたが、その後、時代がくだるにつれて、次第に自由がなくなっていっ

カイロの地下鉄女性専用車両

たとされる。ムハンマドの晩年まで、おそらくムハンマドの妻たち以外の女性に関してはさらにのちの時代まで、女性は男性と自由に交流していたと考えられる。しかしこうした状況は、女性の隔離が公的に導入されることで制約を受けるようになっていった。ムハンマドの妻たちの生活がまず制限され、ヴェール着用と隔離が制度化された。その後、この習慣が一般のムスリム女性にまで適用されるようになり、共同体全体に広がっていったのである。

ムハンマドの死後、ヴェール着用と隔離はいかにして共同体全体に広がったのだろうか。イスラーム世界がアラビア半島の外に拡大したとき、すでに地中海世界にはヴェール着用と隔離の慣習があったので、イスラーム教がさらにその習慣を強化したと考えられる。地中海世界の男性血縁にもとづく家父長制社会では、子供の父親を確定し、父方の純血を守る方策として、家族全体の名誉が女性の貞操に収斂《しゅうれん》し、社会秩序を維持するために女性は管理されるようになっていった。実際、女性の隔離はつねに、女性の尊厳と名誉を守るという理由で正当化されてきたといえる。地中海世界や中東において女性の純潔は男性の親族と家全体の名誉の象徴だったからである。

ウズベキスタンのイスラーム大学の女子大生　ウズベキスタンでは珍しくヴェールをまとっている。

ムハンマドの時代には、女性のヴェール着用と隔離は一般的ではなかった。しかし時代がくだるに従って、女性の貞操に関する尊厳と名誉を守るという理由でヴェールも隔離も一般化していく。ガザーリーの頃には、女性隔離がすでに一般的になっていたようである。ガザーリーは、夫の嫉妬を防ぐために女性隔離をおこなうといっているが、実際は姦通を防ぐためである。男女が一緒になると間違いが起きる可能性が高いので、それを未然に防ごうとしているのである。後述するようにガザーリーは、結婚している男女の合法的な性交渉については積極的に認めていたが、婚姻関係にない男女の姦通につうじる可能性については厳しく排除しようとしている。ガザーリーは、女性の守るべき規則を要約して以下のように述べている。

女性はいつも家の奥にいて、糸つむぎをしているべきである。頻繁に出たり入ったりしてはいけないし、隣人にあまり話しかけてはいけない。必要がない限り、隣人のところに行ってはいけない。……夫の許可なしに家から出てはいけない。もし許可があって外出するなら、着古した服で身を隠し、大通りや市場ではなく、人のいない場所を選びなさい。他人が彼女の声を聞いたり、彼女の気配に気づかないように注意しなさい。必要がある時でも夫の友人と親しくしないようにしなさい。知り合いには心を閉ざしなさい。彼女の関心は自分に関わること、家の管理、礼拝や斎戒に没頭することである(同上書、一三〇頁)。

このようにガザーリーは、女性はなるべく家にいて、家族以外の人と接触してはいけないという女性隔離論を説いている。ガザーリーの女性隔離やヴェール着用の議論は、現代のイスラーム世界のフェミニストには厳しく批判されている。しかしガザーリーの見解は極端なものではなく、当時の地中海世界や中東のエリート層の価値観としては常識的なものであるから、現代的価値観で断罪するのは、本来は不当であろう。

婚姻生活における諸問題

以上の「婚姻作法の書」における女性隔離と服装規定に関する記述では、ガザーリーは女性差別的だと思われるかもしれないが、家族計画や性交渉といった問題に関する記述においては、別の側面もみられる。まずガザーリーは、結

エジプト南部の都市、ミニアでの結婚披露宴

婚することによって合法的な性交渉が可能になり、性的快楽は天国における快楽を想像させ、神への思念という崇拝行為への原動力になるという。

> 性的欲望の中には、子供を作ることへの要因以外に、他の叡智《えいち》がある。性的快楽は、もしその現世的快楽が続いたとしても、欲望の満足において、それに対比することのできないほどの快楽である。それは天国に約束された快楽を示している。実際に体験できない快楽に促すことは無益である。もし不能者が性交の快楽を、子供が所有や権力の快楽を欲しても、それに促すことは無益である。現世的快楽の一つの利益は、それが天国でも続くように欲することであり、神への崇拝への原動力となることである(同上書、五五頁)。

さらにガザーリーは、性的快楽について、男性だけではなく女性についても認められるべきものだと述べている。このような男女の性の肯定は、キリスト教と比べた場合、イスラーム教の特徴である。さらに、ウラマーのなかでもここまで踏み込んで性的快楽を肯定している点が、ガザーリーの特徴といえよう。

ガザーリーは、避妊(性交中断)についても論じている。中絶や避妊は現代の生命倫理の研究にもつうじる重要なテーマであり、冒頭で述べたように、現代のウラマーもガザーリーの文言を引用している。ガザーリーによると、避妊についてウラマーの間では意見が四つに分かれているという。

(1)いかなる状況でも、絶対的に許容される。(2)いかなる状況でも、禁止される。(3)女性の許可があれば合法だが、許可がなければ合法ではない。(4)自由人ではなく、女奴隷においては許容される(同上書、一一二頁)。

そのうえでガザーリーは、「我々の考えでは、正しいのは、それは許容されるということである」と述べている。このようにガザーリーは、避妊については認めている。ガザーリーによれば、避妊は、生命を奪っていないという点で、中絶や女児殺し▲とは違うからである。なお、ガザーリーの属するシャーフィイー学派以外の法学派は、妻の許可があれば避妊は合法としているが、シャーフィイー学派は夫の判断だけで避妊できるとする。スンナ派の四法学派すべてにおいて、避妊は許容されるもの、もしくはおこなわないほうがよいものとされているが、禁止されてはいない。

ガザーリーは中絶については詳しく論じていないが、すでに存在するものに

▼**女児殺し**　男児を尊び、生まれた女児を生き埋めにして殺すというジャーヒリーヤ時代(前イスラーム時代)のアラビア半島の習慣。

チュニジアの女子学生

対する犯罪であるとして、以下のように述べている。「精子が子宮に置かれ、女性の水と混ざり合ったら、それを損なうことは犯罪である。さらにそれが凝血や胚になったら、犯罪はより深刻になる。もしこれに神によって霊魂が吹き込まれ、生き物として成熟したら、犯罪の深刻さは増大する。生まれたあとなら、もっとも深刻な犯罪になる」。これに対し避妊は、まだ母胎内にはなにも存在していないため、犯罪にはならないという。しかし受精したあとは、胚を中絶することは犯罪になるのである。このようにガザーリーは、避妊と対比させながら中絶には反対しており、胚が成長するにつれて犯罪の深刻さが増していくとしているが、妊娠初期であれば中絶を認めているわけではない。

ガザーリーは、単に中絶は不可としているが、多くのウラマーは、「母胎内の存在は、四〇日に凝血になり、次の四〇日に肉塊になり、次の四〇日に霊魂が吹き込まれる」というハディースにもとづき、受精後一二〇日目に魂が吹き込まれ、胚は人間になると考えている。そのため、一二〇日まではやむをえない理由があれば中絶は許可され、それ以降は、母親の命に危険があるときに限り、中絶が許可されるとの見解をとる。

ドバイにあるカトリックのセント・メアリー教会

以上、女性に関する問題についてガザーリーの見解を考察した。イスラーム教は女性差別のイメージがあるかもしれないが、ガザーリーの議論をみるとどうなるだろう。ガザーリーは、女性は家のなかにいるように、といっている。この点については、差別につながるという人もいるだろう。一方、ガザーリーは女性の性的快楽や避妊を認めており、ガザーリーの女性に関する議論のすべてが女性を否定するものではない。女性の性を肯定し、避妊といった女性の権利を擁護しているのである。

最後にキリスト教のカトリックと比較し、ガザーリーの独自性や意義についてまとめたい。まずガザーリーは、男女の性的快楽を認めていた。このような性の肯定は、カトリックと比較すると特徴的であり、より違いが明確になるだろう。カトリックでは、性交渉は子どもをつくることが目的であり、快楽は目的ではないからである。またガザーリーは避妊を認めている点も、カトリックと異なっている。カトリックでは性交渉のさい、避妊をおこなってはいけないのである。さらに、ガザーリーが中絶を認めていない一方で、多くのウラマーは受精後一二〇日まではやむをえない理由があれば中絶を認めているが、これもカトリックとは異なる見解であり、興味深い。ローマ教皇ヨハネ・パウロ二世の回勅▲「いのちの福音」では、もっとも弱い存在である受精卵の段階から人間として認め、中絶を禁止しているのである。

ガザーリーの評価

本書ではこれまで、ガザーリーの生涯をたどりながら、ガザーリーが生きた時代の状況およびガザーリーの思想とその現代への影響を明らかにしてきた。イスマーイール派の政治的・思想的脅威にさらされていたセルジューク朝の時代に、ガザーリーは、ほぼ固まりつつあったスンナ派思想の枠組みを完成させた。ガザーリーは、イスラーム教の思想潮流の中で、なにを受け入れるのか、そしてなにを批判し、切り捨てるのかを明らかにしたいという目的を明確にもっていたのである。最後に、ガザーリーがイスラーム思想史にもたらした功績とガザーリーのイスラーム思想史における位置づけについて考察したい。

ガザーリーの第一の功績は、宮廷時代およびニザーミーヤ学院時代の哲学研究と哲学批判である。ガザーリー以前には、哲学をしっかりと習得したうえで

▼**回勅**　ローマ教皇の立場を示すために、全世界のカトリック教会の司教に宛てて書かれる文書。

哲学を批判した者は皆無といってよかった。ガザーリーの批判後、哲学は東方のイランのシーア派とスーフィズムに取り込まれていった。しかしそれ以外のイスラーム世界ではほぼつぶれてしまい、残ったのはガザーリーが認めたイスラーム諸学だけとなった。

第二の功績は、ウラマーたちが感じていた、スーフィズムはあやしいものなのではないかという疑いを鎮め、のちの人々がスーフィー的な生活方法を採用しやすいようにしたことである。ガザーリーはスーフィズムの思想を理論化しただけではなく、スーフィーの修行や日常生活の送り方という実践面においてもその方法論を確立し、のちにスーフィズムが民衆に受け入れられる下地をつくった。つまり、ガザーリーはスーフィズムに市民権を与え、スーフィズムをスンナ派イスラーム諸学の一部としたのである。

第三の功績は、上記の功績と関連するが、スンナ派思想の枠組みを完成させたことである。ガザーリーの生きた時代は、シーア派以外のその他大勢であった多数派が、スンナ派として思想のまとまりがほぼできつつあった時代である。しかし、シーア派のイスマーイール派の政治的・思想的脅威が続いており、また哲学を学んだうえで、それを批判する者もほとんどいない状態だった。そのような状況のなかで、シーア派と哲学を批判することによってスンナ派の自己像が形成されたのである。そしてさらにガザーリーは、ウラマーとスーフィーの対立を乗り越えて、霊的な救いとしてスーフィズムをイスラーム諸学のなかに取り込んだ。ガザーリーによって、神学・法学・スーフィズムがスンナ派思想として固まったといえよう。

以上の三つの功績の結果、ガザーリーは後世のムスリムにとっての学問的権威となったと考えられる。ガザーリーは、彼の時代から現在まで広く認められている。だからこそ彼は、後世のさまざまなイスラーム思想家に引用されてきたし、先に述べた女性問題にみられるように、現代においても、二大聖典コーランとハディースについで参照されるべき古典の典拠であり続けている。ガザーリーは、没後長らくして評価されたのではなく、生前にスンナ派イスラーム諸学の大成者として名声が確立済みで、そしてその名声が死後も長期間にわたり持続され続けたというタイプの人である。

最後に、ガザーリーのイスラーム思想史における位置づけについて考えたい。

ガザーリーによってスーフィズムが認知され、古典時代(最初期から十三世紀半ばのアッバース朝滅亡まで)におおよそ確立していた法学や神学と肩を並べるようになった。そしてガザーリー以降、イスラーム法とスーフィズムが、どちらもスンナ派の重要な要素として併存するようになっていく。ガザーリーが扉を開いた中世(アッバース朝滅亡から十八世紀末まで)のイスラーム思想の特徴は、イスラーム法とスーフィズムの両輪体制といえよう。ガザーリーは、古典時代と中世をつなぐ存在として、五百年以上にわたる中世イスラーム思想のあり方を決定づけた人物なのである。

ガザーリーとその時代

西暦	齢	おもな事項
1058		（ヒジュラ暦450年）イラン北東部のトゥースに生まれる。
1063	5	スルターンのトゥグリル・ベク死去，アシュアリー学派迫害が終わる。アルプ・アルスラーンがスルターンになり，宰相ニザーム・アルムルクがアシュアリー学派を支持。
1069頃	11	トゥースで勉学を始める。ラーズカーニーに師事。
1072	14	アルプ・アルスラーンが暗殺され，マリク・シャーが後継のスルターンに。
1073頃	15	ジュルジャーンで勉学。アブー・ナスル・アルイスマーイーリーに師事。
1074〜77	16〜19	トゥースで勉学。またユースフ・ナッサージュのもとでスーフィズムの修行。
1077頃	19	ニーシャープールに移り，ニザーミーヤ学院で碩学ジュワイニーに師事。さらにスーフィーのファールマディーの指導を受ける。
1085	27	ジュワイニー死去。セルジューク朝の宰相ニザーム・アルムルクの庇護を受け，マリク・シャーの宮廷（イスファハーン）に入る。ニーシャープール時代から宮廷時代が精神的危機「第一の危機」とされる。
1091	33	***7***- ニザーム・アルムルクにより，バグダードのニザーミーヤ学院の教授に任命される。哲学研究に専念。
1091〜95	33〜37	バグダードのニザーミーヤ学院教授としての全盛期。
1092	34	***10***- ニザーム・アルムルク暗殺される。1カ月後にマリク・シャー死去。スルターンの後継者争いが表面化。
1094	36	バルキヤールクがスルターン宣言。ガザーリー，アッバース朝カリフ，ムスタズヒルの認証式に出席。『哲学者の意図』『ムスタズヒルの書』完成。
1095	37	***1***-『哲学者の自己矛盾』完成。***7***- 精神的危機「第二の危機」により，言語機能喪失。***11***- 回心し，地位を捨て，バグダードを去り，ダマスカスへ。11年間の隠遁期間中に『宗教諸学の再興』などの著作を執筆。
1095〜97	37〜39	シリア・パレスティナ各地を放浪する。
1096	38	**夏** - ダマスカスからイェルサレムへ。***10〜11***- ヘブロンを訪れ，メッカ巡礼のキャラバンに参加。***11〜12***- メッカ巡礼をおこない，メディナにも赴く。
1097	39	***6***- 帰郷の途中，バグダードに滞在。
1097	39〜	バルキヤールク，異母兄弟のサンジャルをホラーサーンの統治者に任命。
1099〜1106	41〜48	トゥースにて弟子たちとともにスーフィズムの修行をおこない，著作にも従事。
1106	48	***7***- サンジャルの圧力と宰相ファフル・アルムルクの要請により，ニーシャープールのニザーミーヤ学院でふたたび教鞭をとる。
1108頃	50	自伝『誤りから救うもの』完成。
1110頃	52	公職から退き，トゥースに帰郷。
1111	53	（ヒジュラ暦505年）***12-18*** トゥースで死去，その地で埋葬される。

参考文献

青柳かおる『現代に生きるイスラームの婚姻論――ガザーリーの「婚姻作法の書」訳注・解説』(Studia Culturae Islamicae 73) 東京外国語大学アジア・アフリカ言語文化研究所, 2003 年

青柳かおる『イスラームの世界観――ガザーリーとラーズィー』明石書店, 2005 年

アハメド、ライラ (林正雄ほか訳)『イスラームにおける女性とジェンダー――近代論争の歴史的根源』(叢書ウニベルシタス 670) 法政大学出版局, 2000 年

井筒俊彦『イスラーム思想史――神学・神秘主義・哲学』(中公文庫) 中央公論社, 2005 年 (初版 1975 年)

井筒俊彦『イスラーム哲学の原像』(岩波新書) 岩波書店, 1980 年

ガザーリー (黒田壽郎訳)『哲学者の意図――イスラーム哲学の基礎概念』(イスラーム古典叢書) 岩波書店, 1985 年

ガザーリー (中村廣治郎訳)「イスラーム神学綱要」上智大学中世思想研究所・竹下政孝編訳・監修『中世思想原典集成 11 イスラーム哲学』平凡社, 2000 年

ガザーリー (中村廣治郎訳)「光の壁龕」『中世思想原典集成 11 イスラーム哲学』平凡社, 2000 年

ガザーリー (中村廣治郎訳)『誤りから救うもの――中世イスラム知識人の自伝』(ちくま学芸文庫) 筑摩書房, 2003 年

ガザーリー (中村廣治郎訳)『中庸の神学――中世イスラームの神学・哲学・神秘主義』(東洋文庫) 平凡社, 2013 年

菊地達也『イスラーム教「異端」と「正統」の思想史』(講談社メチエ 446) 講談社, 2009 年

坂本勉『トルコ民族の世界史』慶應義塾大学出版会, 2006 年

佐藤次高『イスラームの国家と王権』岩波書店, 2004 年

佐藤次高編『イスラームの歴史 1――イスラームの創始と展開』(宗教の世界史 11) 山川出版社, 2010 年

東長靖『イスラームとスーフィズム――神秘主義・聖者信仰・道徳』名古屋大学出版会, 2013 年

中村廣治郎『ガザーリーの祈禱論――イスラム神秘主義における修行』大明堂, 1982 年

中村廣治郎『イスラムの宗教思想――ガザーリーとその周辺』岩波書店, 2001 年

中村廣治郎「解説　ガザーリーの虚像と実像」ガザーリー『誤りから救うもの』筑摩書房, 2003 年

濱田正美『中央アジアのイスラーム』(世界史リブレット 70) 山川出版社, 2008 年

Garden, K., *The First Islamic Reviver: Abū Ḥāmid al-Ghazālī and His Revival of the Religious Sciences*, Oxford: Oxford University Press, 2014.

Griffel, F., *Al-Ghazālī's Philosophical Theology*, Oxford: Oxford University Press, 2009.

Macdonald, D.B., "The Life of al-Ghazzālī, with Especial Reference to His Religious Experiences and Opinions," *Journal of the American Oriental Society*, 20(1899).

Ormsby, E., *Ghazali: The Revival of Islam*, Oxford: Oneworld Publications, 2008.

Watt, W. M., *Muslim Intellectual: A Study of al-Ghazali*, Edinburgh, 1963.

出典一覧

al-Ghazālī, *Iḥyā' 'Ulūm al-Dīn*, MS. Digby Or.31, 3b, Bodleian Library, University of Oxford. カバー表

al-Ghazālī, *Iḥyā' 'Ulūm al-Dīn*, MS. Digby Or.13, 14b-15a, Bodleian Library, University of Oxford. *73*上

al-Gazali, *Logica et Philosophia Algazelis Arabis,* Hildesheim, 2001. *41*

Gray, B., *Persian Painting*, Geneva, 1977. *7*

Griffel, F., *Al-Ghazālī's Philosophical Theology*, Oxford, 2009. *39, 58*

Walther, W., *Women in Islam*, Princeton, 1993. *76*

Zarcone,T., *Boukhara l'interdite 1830–1888,* Paris, 1997. *65*

岩崎真紀提供 *73*下, *80*

菊地達也提供 *29, 30, 31, 32, 51, 75*

塩尻和子提供 *36, 78, 82*

東長靖提供 *71*

丸山大介提供 *67*上, 下

森本一夫提供 *5*上, 下, *52, 55*

著者提供 *3, 12, 49, 50, 59, 69, 77, 83*

PPS 通信社提供 カバー裏, 扉, *42, 43, 60, 62, 68, 70*

ユニフォトプレス提供 *10*

青柳かおる（あおやぎ　かおる）
東京大学大学院人文社会系研究科アジア文化研究専攻イスラム学専門分野博士課程修了。博士（文学）
専攻，イスラーム思想史
現在，新潟大学人文社会・教育科学系（人文学部）准教授

主要著書

『現代に生きるイスラームの婚姻論――ガザーリーの「婚姻作法の書」訳注・解説』（東京外国語大学アジア・アフリカ言語文化研究所 2003）
『イスラームの世界観――ガザーリーとラーズィー』（明石書店 2005）
「イスラームのコスモロジー――流出論をめぐって」竹下政孝・山内志朗編『イスラーム哲学とキリスト教中世 III　神秘哲学』（岩波書店 2012）
「イスラームの生命倫理と先端医療――キリスト教と比較して」『比較宗教思想研究』第 13 輯（2013）

世界史リブレット人㉕

ガザーリー

古典《こてん》スンナ派《はしそう》思想の完成者《かんせいしゃ》

2014年4月25日　1版1刷発行
2018年9月30日　1版2刷発行

著者：青柳《あおやぎ》かおる

発行者：野澤伸平

装幀者：菊地信義

発行所：株式会社 山川出版社

〒101-0047　東京都千代田区内神田1-13-13
電話　03-3293-8131（営業）8134（編集）
https://www.yamakawa.co.jp/
振替 00120-9-43993

印刷所：株式会社 プロスト

製本所：株式会社 ブロケード

 ISBN978-4-634-35025-0

世界史リブレット 人

1 ハンムラビ王 —— 中田一郎
2 ラメセス2世 —— 高宮いづみ・河合 望
3 ネブカドネザル2世 —— 山田重郎
4 ペリクレス —— 前沢伸行
5 アレクサンドロス大王 —— 澤田典子
6 古代ギリシアの思想家たち —— 高畠純夫
7 カエサル —— 毛利 晶
8 ユリアヌス —— 南川高志
9 ユスティニアヌス大帝 —— 大月康弘
10 孔子 —— 高木智見
11 商鞅 —— 太田幸男
12 武帝 —— 冨田健之
13 光武帝 —— 小嶋茂稔
14 冒頓単于 —— 沢田 勲
15 曹操 —— 石井 仁
16 孝文帝 —— 佐川英治
17 柳宗元 —— 戸崎哲彦
18 安禄山 —— 森部 豊
19 アリー —— 森本一夫
20 マンスール —— 高野太輔
21 アブド・アッラフマーン1世 —— 佐藤健太郎
22 ニザーム・アルムルク —— 井谷鋼造
23 ラシード・アッディーン —— 渡部良子
24 サラディン —— 松田俊道
25 ガザーリー —— 青柳かおる
26 イブン・ハルドゥーン —— 吉村武典
27 レオ・アフリカヌス —— 堀井 優
28 イブン・ジュバイルとイブン・バットゥータ —— 家島彦一
29 カール大帝 —— 佐藤彰一
30 ノルマンディー公ウィリアム —— 有光秀行
31 ウルバヌス2世と十字軍 —— 池谷文夫
32 ジャンヌ・ダルクと百年戦争 —— 加藤 玄
33 王安石 —— 小林義廣
34 クビライ・カン —— 堤 一昭
35 マルコ・ポーロ —— 海老沢哲雄
36 ティムール —— 久保一之
37 李成桂 —— 桑野栄治
38 永楽帝 —— 荷見守義
39 アルタン —— 井上 治
40 ホンタイジ —— 楠木賢道
41 李自成 —— 佐藤文俊
42 鄭成功 —— 奈良修一
43 康熙帝 —— 岸本美緒
44 スレイマン1世 —— 林佳世子
45 アッバース1世 —— 前田弘毅
46 バーブル —— 間野英二
47 大航海の人々 —— 合田昌史
48 コルテスとピサロ —— 安村直己
49 マキャヴェッリ —— 北田葉子
50 ルター —— 森田安一
51 エリザベス女王 —— 青木道彦
52 フェリペ2世 —— 立石博高
53 クロムウェル —— 小泉 徹
54 ルイ14世とリシュリュー —— 林田伸一
55 フリードリヒ大王 —— 屋敷二郎
56 マリア・テレジアとヨーゼフ2世 —— 稲野 強
57 ピョートル大帝 —— 土肥恒之
58 コシューシコ —— 小山 哲
59 ワットとスティーヴンソン —— 大野 誠
60 ワシントン —— 中野勝朗
61 ロベスピエール —— 松浦義弘
62 ナポレオン —— 上垣 豊
63 ヴィクトリア女王、ディズレーリ、グラッドストン —— 勝田俊輔
64 ガリバルディ —— 北村暁夫
65 ビスマルク —— 大内宏一
66 リンカン —— 岡山 裕
67 ムハンマド・アリー —— 加藤 博
68 ラッフルズ —— 坪井祐司
69 チュラロンコン —— 小泉順子
70 魏源と林則徐 —— 大谷敏夫
71 曾国藩 —— 清水 稔
72 金玉均 —— 原田 環
73 レーニン —— 和田春樹
74 ウィルソン —— 長沼秀世
75 ビリャとサパタ —— 国本伊代
76 西太后 —— 深澤秀男
77 梁啓超 —— 高柳信夫
78 袁世凱 —— 田中比呂志
79 宋慶齢 —— 石川照子
80 近代中央アジアの群像 —— 小松久男
81 ファン・ボイ・チャウ —— 今井昭夫
82 ホセ・リサール —— 池端雪浦
83 アフガーニー —— 小杉 泰
84 ムハンマド・アブドゥフ —— 松本 弘
85 イブン・アブドゥル・ワッハーブとイブン・サウード —— 保坂修司
86 ケマル・アタテュルク —— 設樂國廣
87 ローザ・ルクセンブルク —— 姫岡とし子
88 ムッソリーニ —— 高橋 進
89 スターリン —— 中嶋 毅
90 陳独秀 —— 長堀祐造
91 ガンディー —— 井坂理穂
92 スカルノ —— 鈴木恒之
93 フランクリン・ローズヴェルト —— 久保文明
94 汪兆銘 —— 劉 傑
95 ヒトラー —— 木村靖二
96 ド・ゴール —— 渡辺和行
97 チャーチル —— 木畑洋一
98 ナセル —— 池田美佐子
99 ンクルマ —— 砂野幸稔
100 ホメイニー —— 冨田健次

〈シロヌキ数字は既刊〉